TORMENTA DE
PENSAMIENTOS

TORMENTA DE PENSAMIENTOS

Heber Snc Nur

SEXTA FÓRMULA

Tormenta de Pensamientos
© Heber Snc Nur, 2022
contacto@hebersncnur.com
www.hebersncnur.com

Editado por: Servi Products Mirci E.I.R.L.
para su sello editorial Sexta Fórmula
Avenida Luis Gonzáles 1020 – Chiclayo
Lambayeque - Perú
Celular: (+51) 952333628
contacto@sextaformula.art
www.sextaformula.art

Impreso en: ALEPH IMPRESIONES S.R.L.
RUC: 20258078048
Jirón Risso N° 580, Lince, Lima - Perú

Primera edición: junio de 2022
Tiraje: 100 ejemplares

Hecho el Depósito Legal en la Biblioteca Nacional del Perú N° 2022-04527
ISBN: 978-612-48727-3-0

«Siempre he sabido que tarde o temprano tendría que volver de entre las sombras del anonimato para enfrentarme a lo que fui destinado desde el principio. Mientras el mundo se vuelve gris, hay quienes todavía existimos para ser recordados para siempre. Nos acostumbramos a escribir con el propósito de inmortalizarnos, pasando por alto la ya acostumbrada necesidad de llenura o tranquilidad que inspira el oficio, como una especie de diversión o pasatiempo para matar el tedio de no tener en nuestra lista un día desaprovechado. Resurgí de un rastro abstracto, y he cruzado la línea que ha hecho de división todos estos años. He visto lo suficiente como para entender que soy quien nadie esperaba y, al mismo tiempo, alguien a quien muchos echarán de menos. Pero pase lo que pase, nadie olvidará las palabras que un día tracé con la tinta de un corazón que ya no me pertenece. Una identidad surge del espejo, aquel umbral del que muchos hemos salido, para teñir de oscuridad y olvido el semblante misterioso de alguien que ya veía todo esto venir. Un día todos verán con claridad lo mismos colores que ahora me acompañan. Y entonces entenderán que, pase lo que pase, la perspicacia que un día nació conmigo jamás morirá, aunque el tiempo se empeñe en decidir sobre mi destino».

.

NOTA DEL AUTOR

Querido lector:

Estamos en la última parada de este gran viaje llamado Tormenta de Pensamientos. Ha sido increíble para mí, y espero que igualmente lo haya sido para ti. Te doy la bienvenida a este refugio de historias y poesía cuya construcción comenzó en el año 2013 y que en 2017 tuvo su primera aparición pública. Han pasado más de tres años desde entonces, y habrás notado que todos los libros que la conforman cumplen con una característica infaltable: que cada texto pertenece a cierto segmento, como Débil fortaleza, Cautiva libertad, etc. Hoy te voy a hablar acerca de esos segmentos, de lo que significan, pues soy consciente de que no todos mis lectores me han seguido desde mis inicios —que es cuando aún publicaba los textos con segmentos—, y me parece puntual hacer ahora un repaso para que conozcas cada uno de ellos a detalle y puedas comprender qué clase de escritos abarcan.

Comenzaré con el más famoso de todos: *Débil fortaleza*. Desde ya te adelanto que la mayoría de los segmentos llevan por nombre palabras cuyos respectivos conceptos son contrarios entre sí. En esta ocasión, débil y fuerte, o debilidad y fortaleza, se encuentran para reflejar al amor, tal cual; al amor romántico, al amor sentimental. Y con esto quiero hacer alusión a esa sensación de fortaleza que nos transmite una persona (nos hace fuertes con su apoyo, su compañía, su confianza), y al mismo tiempo a esa sensación de debilidad, pues por ella somos capaces de darlo todo y casi nunca nos negamos. Es una debilidad bonita, que nos da a entender que podremos ser fuertes ante muchas cosas, pero no indiferentes ante esa persona.

Continúo con *Cautiva libertad*. Esta idea se erige como una contraparte del primer segmento. Aquí encontrarás textos tristes, deprimentes, cuya tristeza reflejada no necesariamente es fruto de una ruptura amorosa, sino más bien de un autodesprecio. Cada texto que conforma este segmento lo escribí estando triste o inspirado en situaciones tristes, con una voz que reniega de la vida o que ve sólo todo lo malo de ella. En mi primer libro resultó que este segmento contenía más textos que los demás, y lo único que se me ocurre es que la mayoría de ellos los escribí en una etapa dura de mi adolescencia, pues tuve la mala suerte —o buena, según se vea— de ser muy sensible, hasta el punto que resultaba agotador, incluso para mí.

Abstracta tangibilidad, por su parte, viene a ser la ficción dentro de la realidad. Comprende los textos que tienen una estructura narrativa: cuentan una historia —o parte de ella—, tienen personajes o diálogos. Podría decir que este segmento está conformado en su mayoría por textos narrativos, y digo en su mayoría porque también lo conforman textos poéticos que, como mencioné anteriormente, tienen el propósito de contar una historia. Lo abstracto viene a ser eso: lo que no se toca, lo que de por sí existe en el plano de la ficción, hablando en términos literarios. Lo tangible, por otro lado, es aquello que tiene la posibilidad de ser real, y con ello hago referencia a las situaciones sobre las que escribo, que son situaciones reales o realistas, creíbles. La particularidad es que casi todas las situaciones de este segmento nunca llegué a vivirlas, son fruto de mi imaginación, he ahí el detalle de la ficción dentro de la realidad.

Sentimientos indelebles ejemplifica mejor que ninguno esa debilidad por las confesiones, pues muchas veces he tenido el descaro de negar lo que siento o pienso y creé este segmento para encajar los textos en los que expreso esos sentimientos que están ahí y que por mucho que los ignore no van a borrarse. Como dije, los textos que lo componen son confesiones, catarsis, casi siempre con una tonalidad triste, de añoranza o nostalgia por aquello que se perdió sin remedio.

No creo que tenga que explicar mucho acerca del segmento *El arte de escribir*, pues simplemente abarca todos los textos que tienen como temática principal a esta hermosa actividad que comenzó como un pasatiempo cualquiera y que ahora apunta a convertirse en mi oficio de por vida.

Filosofando fue tal vez uno de mis segmentos favoritos cuando comencé a publicar en el blog. Resulta que en mis primeros años no me dedicaba a escribir poesía, sino aforismos, reflexiones filosóficas, tal como sugiere el nombre. Eran consejos que escribía para mí en forma de poemas, prosa o diálogos breves. Y todos los textos de ese estilo los incluí en este segmento, abarcando muchos temas como las relaciones de pareja y las de amistad, el propósito de mi vida o la búsqueda de él.

La existencia de estos segmentos son los que caracterizan a la serie Tormenta de Pensamientos. A partir del 2017 dejé de utilizarlos, por eso cada libro de poesía que publique a partir de entonces ya no formará parte de esta serie. En este libro encontrarás escritos en todas las estructuras que me he aventurado a explorar: poemas, prosa poética, relatos, frases. No creo equivocarme si digo que es el libro más completo que he publicado en toda mi vida, y me complace saber que sea así el libro que más ilusión me hizo durante muchos años.

En las notas de autor anteriores te comentaba que todo comenzó con un libro demasiado grande que tuve que fragmentar en tres, los cuales fueron creciendo a medida que escribía más. Bueno, de esos tres, el único libro que planeé desde el principio fue este, con este título, con este contenido, y ha quedado por fin tal como lo había soñado. Espero que los textos que leas sean de tu total agrado y que, en definitiva, disfrutes de cada una de estas páginas que han sido escritas con amor, ilusión y, por qué no decirlo, también con mucho esfuerzo.

Tienes el resultado de varios meses de trabajo, de tantos desvelos e ilusiones, y he de decir que el proceso ha sido un bonito trayecto. Tormenta de Pensamientos siempre existirá y estos libros serán el reflejo de mis inicios en la escritura y mi aprendizaje hasta el año 2017.

El viaje termina aquí, pero siempre podremos encontrarnos por otros lares. Recuerda que yo siempre escribiré y, mientras lo haga, también existirá la posibilidad de publicar más libros, haciendo de cada uno un viaje con su propio encanto. Nos vemos en las siguientes páginas. Nuevamente, gracias por viajar conmigo.

Heber Snc Nur
Chiclayo, Perú
Octubre del 2020

TORMENTA DE PENSAMIENTOS
{T}

«Tan hermosa
que eran los deseos
los que la pedían a ella».

AFORTUNADO

INICIO

Aquella tarde el aire corría gélido al tiempo que un manto de nubes impedía que la luz del sol llegara a la tierra. Una neblina húmeda reptaba en las calles, dibujando espectros ambulantes que impedían ver con claridad. El balneario estaba concurrido a esa hora, así que busqué un banco cercano y me senté. Extraje el móvil y di con una foto —la foto, mejor dicho—, en la que aparecía la chica por la que llevaba ya varias noches de desvelo. La había visto por primera vez en un café. Se había sentado al fondo, alejada y en silencio, a leer un poemario. Luego de un par de minutos en los que me dediqué a mirarla como idiota, decidí romper el silencio. Cuando me acerqué a hablarle, no se inmutó. Siguió leyendo hasta que no tuve más remedio que llamar su atención de otra forma.

—¿Cómo te llamas?

—¿Quién lo pregunta?

«Un tonto que piensa que eres preciosa», pensé. De hecho, no recuerdo con exactitud cuál fue mi respuesta, ni lo que seguimos diciéndonos después de aquello. Lo que sé es que hice un pedido para mí y pasamos la tarde hablando del libro que sostenía entre las manos. Aquel semblante que al principio había parecido esquivo y a la defensiva, pronto se diluyó en una sonrisa de niña, tierna y espontánea.

Supe que se llamaba Erika y que una constelación del cielo se había instalado en sus ojos. Me habló de música y libros, de Dios y la vida, del amor y la gente, de cuánto practicaba el altruismo y de las muchas cosas que hacía en un solo día. Aquella tarde ella estaba sentada ahí de milagro, dijo, dándose un respiro. Tenía el cabello suave a la vista, rojo como aquel pintalabios que adornaba su boca; las uñas arregladas, un collar elegante, y sus ademanes eran de otro mundo. Si antes de haberme atrevido a hablarle yo ya había perdido la cabeza, ahora había perdido el sentido común y con creces. No la culpo. Ni entonces ni ahora. Porque la suya no era una culpa cualquiera, sino una culpa bonita, una culpa incluso deseada. Entre palabras y gestos, la fui estudiando a detalle. Me di cuenta de que estaba tan sola como yo, a pesar de haberme hablado de una retahíla de amistades. Me pregunté qué había podido ver en mí para darme esa confianza. Supongo que siempre se nos hace más fácil hablar con fluidez ante un extraño que con alguien que conoces de toda la vida. Aunque ella, para entonces, ya me parecía conocida de toda la vida. Y quise creer que mi desenvolvimiento le había hecho pensar en mí de la misma forma.

Recuerdo su risa. Su risa y mis ganas de incluirla en mi lista de canciones favoritas. Mi mirada fotografió aquella luz crepuscular que cincelaba sus facciones. Confié en no dar demasiadas muestras de debilidad, cuando me sonrió y me miró a los ojos durante lo que me pareció un tiempo infinito. Su mirada, suave y profunda a un tiempo, se quedó grabada en mi memoria para siempre. Las horas pasaron a velocidad de la luz. Ni siquiera nos dimos cuenta de en qué momento las calles se oscurecieron y las farolas comenzaron a iluminar el paso de la gente. Dijo que se le estaba haciendo tarde. Nunca antes había hecho lo que hice aquella noche, cuando, antes de irme, la invité a salir a caminar una tarde de esas. Pasamos así varios días, coleccionando momentos, añadiendo líneas a una historia de esas que se cuentan siempre en voz baja.

Erika tenía la particularidad propia de aquellas mujeres que saben lo que quieren y lo consiguen. Al mirarla, me parecía un reto muy grande ganarme un espacio en su vida, un espacio que fuera tan especial que no se le ocurriera sacarme de ahí nunca. Supuse que aquel sitio tenía que ganármelo (Erika desde entonces me ha inspirado a ser siempre un mejor hombre), así que me dediqué a no apresurar nada, sino a conocerla más, y a dejarme conocer también. No recuerdo haber sido más sincero con ninguna otra chica. Luego de haberle confesado varios secretos, su presencia llegó a inspirarme esa rara sensación entre miedo y seguridad. Una vez leí eso de que no hay nada más peligroso para un hombre que una mujer que lo conozca perfectamente, y no puedo estar más de acuerdo; pero con ella era imposible mentir o fingir que algo no me importaba. Llegó a saber incluso cuándo quería hacerle una pregunta con sólo mirarme. Supe que llegados a este punto no había marcha atrás, así que sonreí, ansioso por saber qué otras sorpresas venían con ella.

Fuimos construyendo, a espaldas del mundo, algo que nunca sabré cómo definir. Lo nuestro era eso que no se cuenta, que no se admite ni se niega, pero que cuidábamos con la vida. Teníamos algo que sólo nosotros podíamos entender. No sé qué era, pero lo teníamos. Y era especial. Pero no todo fue perfecto. Cuánto me hubiese gustado que la nuestra hubiese sido una de esas historias en las que todo va tan bien que resulta difícil de creer, pero eso lo hubiese vuelto todo demasiado aburrido. Los sinsabores, los altibajos, son los que hacen más interesante una relación (o lo que fuera que teníamos). A veces ella perdonaba mis errores, otras veces yo perdonaba los suyos. Me gustaba que aquella perfección estuviera cargada de defectos.

Me enamoré de su silueta cansada que era incapaz de seguir, me enamoré de sus inseguridades, de ciertos miedos, de sus secretos, de sus manos suaves, de sus ocurrencias, de las malas horas por las que siempre tiene que pasar una chica como ella. Me aprendí de memoria sus horarios para alimentar su espíritu, sus citas con la lluvia, con la soledad, las reflexiones en las que, para encontrarse con ella misma, primero perdía de vista al resto del mundo. Su nombre llegó a convertirse para mí en sinónimo de paz, y eso es algo que ninguna persona había logrado nunca. Una tarde, cuando había llegado la hora de despedirnos, le pedí encontrarnos en un sitio que no fuera habitual. Había una playa cercana, y ese fue el lugar que escogió. A mí no me gustaba mucho ir a la playa —ese era uno de los poquísimos detalles que se me olvidó mencionarle— pero tampoco hubiese desperdiciado aquella oportunidad de verla, porque se notaba que a ella sí le gustaba y que era uno de sus lugares favoritos. Llegué temprano y me senté a esperarla en un banco, con el móvil en la mano.

Entonces, mientras observaba su foto en el móvil, en mitad de aquella gente que pasaba de largo y con el frío envolviéndome por completo, acaricié la pantalla dibujando las curvas de su boca y sus mejillas. Cuando levanté la vista, Erika ya estaba ahí; había llegado justo a tiempo. La abracé como si no la hubiese visto hacía mucho y nos pusimos a caminar por el empedrado del balneario. Para entonces la niebla se había disipado y, más allá, divisamos un mirador. Esperamos un poco a que la gente que se estaba tomando fotos ahí descendiera y luego subimos nosotros. En el horizonte, el sol teñía de púrpura y abría una franja naranja en mitad del cielo. Su silueta temblaba en el reflejo del mar. Algunas gaviotas volaban a lo lejos. Y Erika estaba a mi lado. Nunca la había visto más hermosa. Sus ojos brillaban; su cabello, ondeando al viento, le confería aquel aura de libertad con el que siempre estaba envuelta. Y su sonrisa... maldita sea. ¿Alguna vez han visto un atardecer en la playa? Pues la misma calma, la misma magia, pero en su boca. En aquel momento me sentí invencible. Y supe que aquella historia prometía ir mucho más lejos de lo que ya había llegado, por lo que decidí hacer siempre lo que hago cuando me toca manejar una situación que me supera: dejarme llevar. Dejarme llevar, simplemente.

Después de todo, ya no quería irme de su lado, aunque viésemos el mismo cielo en partes distintas, aunque aquella playa ya no fuera la misma que ahora recuerdo. De entre todas la elegí por ser diferente, por desencajar de lo monótono. Por ella hoy soy un mejor hombre, y me siento más grande, pleno, completo, afortunado.

ESPECIALES

EL SORTILEGIO

Hay cuestiones que sólo las responde el tiempo, y para las preguntas que yo hacía, ni el tiempo contestaba; la complejidad del caso era evidente. Me adentré en tu vida —o bueno, hasta donde me dejaste entrar— y formé parte de ella como una de esas experiencias que iban a parar directamente a la larga lista de eventos comunes. Este amor prometía enseñorearnos a perpetuidad, y yo a cambio sólo pedía que me fueras sincera.

Vagamos con un destino incierto por mucho tiempo, y nos aventuramos para ver qué sucedía. En el trayecto, un repentino sortilegio se apoderó de nuestros pasos, cerró nuestras mentes y nos dejó ciegos; luego, en mitad de aquella oscuridad, ya no pudimos encontrar de nuevo nuestras manos. Ante el caso, dejaste que la desidia envenenara tu alma, y creyendo ir por el camino correcto, seguí tus pasos porque confiaba en ti. Valdrá la pena, me dije. No me di cuenta de que mi ceguera era enorme y no podía ver más allá de la utopía que mostraba tu sonrisa. Me mentiste, me negaste y finalmente me rechazaste. Así, de golpe, como si yo no hubiera significado nada.

En respuesta —o quizá sea en defensa— me alejé sin dar más tregua, pues habías causado serias lesiones en un alma que de verdad te quería. Cuando volví, dijiste que me habías echado de menos. La estocada más dolorosa fue que lo decías estando en brazos de otro. Pero ahora gritas mi ausencia, como tratando de convencer a todo el mundo de que tu fidelidad siempre estuvo conmigo, de que fui yo el que se rindió, cuando tu amor ni siquiera tuvo la decencia de disimular ser verdadero. Al final, niña de labios hermosos, al final yo te quise más, porque te quise en serio. Volví por ti, porque de verdad te eché de menos, y mis labios se abstuvieron de conocer otros labios, porque estaba amoldándome para ti, en toda mi esencia. Me había acostumbrado a la idea de ser sólo tuyo. Y tú no me esperaste. Si el amor entre los dos hubiera sido mutuo, no hubiéramos sufrido tanto. Pero así es a veces. Porque puede haber suficiente amor para ambos, pero no la suficiente voluntad para amar.

{Sentimientos indelebles}

TE ODIO

Comienzo odiándote, y termino queriéndote. Odio todo de ti, y lo que provocas. Odio tu mirada sigilosa, que me intimida mientras me atrapa y me vuelve sumiso. Odio tu sonrisa y la manera tan súbita en la que aparece delante de mí y pasa de largo, como diciéndome que ahora ya no me necesita para florecer en tu rostro, como si hubieses olvidado de pronto lo mucho que me costó provocarla para que ahora otro haya decidido patentarla. Odio las comisuras tentativas de tus labios y la forma en que me llaman en silencio.

Odio la manera en que me hablas, con esa soberbia despreciable; te odio tanto, pero te juro que volvería a quererte tan sólo para recordarme a mí mismo la razón por la que llegué a odiarte. Odio esos días en los que me sentía solo, cuando esa desesperación que me deprimía luego de que todos se iban, no dejaba de acosarme por las noches. Odio mi vida ahora, porque es más tuya que mía, porque detesto caminar de la mano de la utopía, porque la tristeza es la única que me llama, y tu recuerdo irrumpe mi tranquilidad y se coloca en la puerta cada vez que intento salir.

Juro que nunca antes odié tanto, que para mí este sentimiento es nuevo —y a la vez tan familiar porque se trata de ti—. Te juro, vida mía (y de él), que no veo la posibilidad de que exista manera más profunda y repugnante de odiarte. Porque eres tan perfecta y tuviste que irte; eso odio de ti, tu maldita manera de ser impredecible, de destrozar mi vida, de llevarte algo que se suponía que cuidaríamos juntos. Te odio, porque fuiste la única compañía que tuve cuando no hubo nadie, porque tenías la manera ideal de sacarme una sonrisa cuando sólo tenía la garganta llena de nudos amargos por compañías fantasmas, aquellos días cuando recordaba que tus manos me hacían sentir inmortal al tocarme, y cuando pensaba que no había refugio más seguro que tus brazos… Por esto también te odio: porque les diste vida a mis mejores versos de amor y terminaste matándolos. Odio no poder odiarte más, porque apareces en mis sueños a diario y conviertes mi despertar en una pesadilla interminable. Odio estas lágrimas, estos labios nombrándote como si me escucharas. Te odio tanto, cariño; y me odio a mí también, porque no puedo creer que haya llegado a quererte demasiado.

{Cautiva libertad}

PERDER ANTE ELLAS
{Débil fortaleza}

No puedo asimilar que haya un honor tan grande para un hombre como el de perder ante la mujer que ama. A veces en juegos, en discusiones, en debates… Qué bonito es halagarlas, decirles que sus argumentos son mejores que los nuestros, que su lógica y sabiduría son mayores que las que nos amparan, y que no seríamos nosotros si ellas nos faltan —justamente porque son nuestro complemento—. Qué hermoso es adecuarse a sus opiniones, darles el gusto y hacerlas reír. Y cuando tengan ganas de hacer algo, serles cómplices en lo que emprendan, hacerles saber siempre que nunca estarán solas. En absoluto. Decirles, también, que son lo mejor que pudo haber llegado a nuestra vida, que devolvieron la esperanza a un corazón entumecido de tantas decepciones. Y convertirlas en musas inmortales, dueñas y causantes de sentimientos expresados en poemas, frases y textos. Admirarlas porque supieron descubrir nuestro misterio y le dieron solución a más de un problema que hemos tenido. Admirar su feminidad, sus manías; amarlas más a diario por ser quienes son, por mostrarse libres y sin barreras cuando saben que pueden confiar plenamente en nosotros. Y aquí se muestra nuestra hombría: al seducirlas con detalles sinceros, besos inesperados, abrazos espontáneos, y sentimientos eternos Demostrarles que no hay nadie más que pueda darles lo que nosotros les damos. Ceder sin ofrecer resistencia ante sus encantos, propios de su personalidad y sutileza. Observar cómo nuestro autocontrol pasa a ser un mito si se trata de ellas. Para que sean felices. Y para que nosotros seamos la razón de su alegría. Porque así somos. Cuando amamos, lo entregamos todo. Porque para el amor no existen barreras ni prejuicios. Porque damos todo de nosotros cuando somos correspondidos.

UNA INUNDACIÓN DE NOSTALGIA

Hoy no llovió, pero dentro de mí sentí una inundación terrible de nostalgia. A veces pienso que la vida sólo se divierte viendo lo novatos que somos jugando una partida que desconocemos. Vivir no elegimos y morir no queremos. La vida: cuántas veces la he tenido en contra. Supongo que fue tan lista, que descubrió mi debilidad y te usó como instrumento para apelar a mi lado más frágil. Quererte resultó un tiempo perdido, un campo de batalla sumido en una tregua engañosa. Si me escucharas, te darías cuenta de que tengo la voz quebrada.

Tenía tiempo sin escribir algo que realmente estuviera sintiendo, porque sabes que no todo lo que escribo es lo que siento; la mayoría de veces escribo realidades fantasiosas salpicadas de verdad en un mundo que me invento. Es que hoy me siento débil. Y creo que se debe a que he sido fuerte demasiado tiempo. Sufro de una sobredosis de ilusiones que provoca una indigestión de realidad.

Pese a todo, no me he dejado atacar por tu recuerdo; es más, nos hemos hecho amigos. A veces viene y se sienta a mi lado a tomar una taza de café caliente cuando llueve. Ver la lluvia detrás de la ventana con un amargo sabor en la garganta se ha convertido en mi pasatiempo favorito. Cuando no sé de ti, le pregunto, pero tampoco sabe. «No se puede tener conocimiento del presente cuando sólo se vive en el pasado», me dice. Y tu recuerdo es eso, un espectro de momentos que se fueron para siempre.

A veces rememoro tu rostro, e imagino cuántos ojos se perdieron en tu mirada luego de que te fuiste. Me podría pasar la noche escribiendo una lista interminable de razones por las que te recuerdo, pero estoy cansado de escribir lo mismo de siempre.

Me podría contradecir fingiendo indiferencia, pero no soy demasiado fuerte. La pena y el dolor han hecho de mí lo que han querido. Quisiera librarme de estas dolencias, pero si te tengo aquí, dando vueltas en mi mente, no creo que pueda lograrlo jamás. Aunque, pensándolo bien, tampoco te vayas; quédate, ya falta poco. En cualquier momento salta mi orgullo —o mi cobardía— para pedirte que aprietes el gatillo de una vez por todas. Prometo cerrar los ojos y, para cuando estés lista, dedicar mis últimas fuerzas a pensar en que no existe manera más dolorosa de morir que por la mano de la misma persona por quien hubiera dado la vida.

{Cautiva libertad}

ESPERO QUE ALGUIEN LO ENTIENDA

¿Nunca te ha pasado que te han herido tantas veces que crees que lo harán siempre? Porque a mí sí. Existe una persona que ha formado una parte importante en mi vida, y no ha tenido la decencia de marcharse por completo, como si hubiera sabido que terminaría por escribir más de ella que de cualquier otra persona. Es que es imposible darte cuenta del peligro que corres cuando te fijas en alguien que te roba todo el sentido de la razón.

Al final, como es lo típico, arriesgué todo y me aventuré en una ilusión que me prometió demasiado pero terminó por cumplir poco. Y claro que no he sido perfecto, pero al menos fui sincero. Y eso fue lo que más dolió: pisoteó el poco amor que me quedaba para dar. Nunca vuelves a ser el mismo después de eso. La confianza se apaga; ya no entregas cariño si no te lo demuestran primero, y eso es difícil porque casi nadie está dispuesto a dar el primer paso. Quiero decir, no es que tú no sientas nada, es que temes pisar y que no haya más que un vacío que te sostenga, y caer de nuevo en una trampa de la que ya has salido muchas veces.

Eso me ha llevado a esconderme y a alejar a todo el mundo de mí. Sé que hay alguien diferente, pero sigo teniendo miedo, porque la última persona a la que quise también se presentó como distinta. He venido haciendo daño a cuantas se presentaron con un «te quiero». Yo también quiero, pero cuando noto que ese sentimiento ha crecido hasta el punto en que parece incontenible, me alejo. Puede que parezca cobarde, no digo que no. Y claro que sufro. Para mí no es nada bonito rechazar a quien se presenta con las mejores intenciones del mundo, porque yo también lo hice un día y sé lo que se siente.

Pero debo ser duro y mostrar indiferencia aunque por dentro me muera por ceder un poco y arriesgarme de nuevo. Algo, por otro lado, me pide alejarme y mandar todo al olvido para seguir una vida solitaria, lejos de quienes pudiera lastimar.

Porque las personas como yo somos así: por muy fríos que podamos llegar a ser, nunca haríamos a nadie lo que hicieron con nosotros. A pesar de todo, cuando digo que quiero a alguien lo digo en serio. Soy más sensible de lo que puedo aparentar. Esto es algo que espero que alguien lo entienda. Tal vez tengo miedo de querer demasiado. O tal vez temo llegar a querer a la persona equivocada. De nuevo.

{Sentimientos indelebles}

NO ES BONITO SER YO

{Cautiva libertad}

No es bonito ser yo. Terminas decepcionando a las personas que quieres, frustrándote por cosas que parecían posibles y dañando a quienes menos esperas lastimar. Es odioso porque puedes ser herido con facilidad por ser muy sensible. Estar en mi lugar, con mis ideas y recuerdos, con mis sueños e historias, no debe ser bonito para quien esté acostumbrado a que la vida le sonría. Puedes estar seguro de que si tuviera la oportunidad de cambiar lo que soy, aun con todo lo que he conseguido, sin pensarlo dos veces, lo haría. Es muy difícil mantenerse en pie cuando todo el mundo realza tus fracasos y no toma en cuenta tus logros ni lo que sacrificas en el camino. Es el precio de caminar en silencio. Las fuerzas faltan cuando se pierde a alguien que se quiere con el alma; supongo que les pasa a todos, pero yo he perdido más personas de las que he conocido en toda mi vida. A veces digo que mi soledad es una bendición por la oportunidad que ofrece de conocerme más a mí mismo y entender al mundo, pero no siempre es la verdad; de vez en cuando digo cosas que ni yo me creo sólo para hacer que los demás no me dediquen demasiado tiempo y pasen de largo, porque no me gusta hacerle cargar con mis problemas a la gente, aunque debo admitir que a veces necesito que me recuerden los consejos que yo mismo doy y que me hace falta seguir. Es difícil ser yo, porque a nadie parece importarle mi vida y sin embargo me preocupo por personas que ni siquiera me conocen. Creo que me gusta pasarla mal y decir que es genial, pero también me canso de aguantar el peso de responsabilidades que nunca fueron mías. Quizá debo asumir que soy ese al que le tocó vivir una vida que nunca eligió y aceptar un destino para el que nunca estuvo preparado.

DISCORDANCIA

¿Cómo explicarlo, si no hay forma de entenderlo? Si me miras a los ojos encontrarás un vacío infinito que grita que vuelvas, pero sonrío. Te he visto muchas veces y te has quedado grabada en mis pupilas, te he besado cada vez que he podido y tu sabor todavía sigue impregnado. Estás demasiado lejos pero yo sigo llevándote conmigo, como si nunca te hubieras ido y como si al tiempo se le hubiera olvidado que tengo a una persona que no debería estar aquí.

Sin embargo, ha pasado bastante desde la última vez. La vida me ha concedido un poco de su sabor puro y, créeme si te digo que no es tan dulce, que no besa igual que tú. Y estoy feliz, pero te extraño. ¿No lo entiendes? Yo tampoco, no me preguntes. Cuando se siente tanto, las explicaciones terminan sobrando, se convierten en argumentos trillados e innecesarios. Si se extraña a alguien, duele, pero a mí no me afecta. Me haces falta pero he aprendido a vivir sin ti. Y no soy de esa gente aniñada que dice ser fuerte al sonreír por fuera y llorar por dentro. Tampoco soy un ser de piedra. Un día simplemente dejé de sentir tanto y aprendí a respirar sin necesidad de tener el constante recordatorio de que existes.

Y tu nombre... me sigue resonando en el interior del alma, no voy a negarlo. Es como la melodía de una canción que por mucho que escuche no va a dejarme de parecer bonita. Cargar con tanto peso encima, de repente, me hizo sentir vivo. Y aunque nada de esto tenga sentido, me siento más liviano, como si hubiese aprendido a aceptar que la tristeza me robe la sonrisa cada vez que quiera y me la entregue cuando se canse de jugar con ella. Creerás que soy incomprensible y no te culpo. Dame tiempo y pronto arreglaré cuentas.

Lloraré, pero no será hoy. Ahora me gusta extrañarte, que me hagas falta, pronunciar tu nombre, desearte a mi lado y lograr ser feliz a pesar de todo. Me siento tranquilo y una vez más, no sé. ¿Cómo explicarlo? Yo soy feliz sin ti, pero mis ojos te lloran y mi boca te llama de vez en cuando. Te has adueñado de mi cuerpo pero no has logrado entrar en mi mente, y menos en mi corazón que ya tiene suficientes cicatrices. Hoy no pienso llorarte otra vez. Mañana, quizá, cuando tenga menos cosas que hacer.

{Cautiva libertad}

ELLA

Nunca se lo he dicho, pero siempre miro sus fotos. No puedo evitarlo. No se lo digan tampoco. Me gusta. Es posible que me vuelva loco, aunque, pensándolo bien, loco ya estoy. Es que, maldita sea, es preciosa. No puedo creer que exista una sonrisa que pueda robarme el pensamiento tan rápido. No, no estoy enamorado, pero estoy al borde del precipicio. A estas alturas el amor me parece un suicidio. Sus mejillas…, no sé. Se me acabaron las palabras. Es interesante darte cuenta de que cuando te gusta alguien hasta escribir se vuelve difícil. Llevo casi media hora buscando palabras y si cierro los ojos sólo encuentro su mirada. No escribo nada, no como antes. Es como si fuera obligatorio verla para sentirme mejor, más calmado.

¿La necesito? No sé, pero me hace falta.

El aire… maldito aire, sobre todo el de aquel cobarde silencio, que siempre me roba la oportunidad de acariciarle el rostro y jugar con su cabello. Me gusta su mundo, ese que ha sido tantas veces reconstruido y que a diario lidia con el riesgo de volver a derrumbarse. Me encanta su perspectiva de la vida, me hace creer que la muerte puede esperar, que no es necesario adelantar el reloj y estar al tanto del calendario. Hay personas que te roban la noción del tiempo y ella es de esas personas. Para mí no ha habido alegría más tranquilizante que saberla cerca.

Ella me quiere, sí, pero no lo suficiente. Si supiera… no, mejor que no lo sepa. Tengo que tragármelo todo y fingir indiferencia. Sin embargo, cuando la tengo a sólo unos centímetros de mi rostro, pierdo el control y sonrío. Soy vulnerable y lo irónico es que ella me hace fuerte. Siempre he creído en la posibilidad de abrazarla y que aquello no signifique un simple gesto de amigos. Nadie está libre de soñar, pero a veces soñar no vale la pena aunque la persona de ese sueño lo valga todo. Y ella lo vale. Porque me roba todo.

Ya comenzó a salirme ojeras y el café no deja de hacerme compañía. Escribo hasta que me sangran los dedos y sólo entonces me limito a respirar y pensar por enésima vez en ella. En cómo estará. En qué estará haciendo. En qué piensa. Si piensa en mí. Si soy yo quien también le roba el sueño o al menos lo protagoniza. La veo muy seguido y… tengo miedo. Tengo miedo de que se entere de cuánto la quiero y se haga realidad uno de mis más grandes temores: el que deje de hablarme. Soy de los que se proponen a hacer algo y el miedo les impide realizarlo. Por ejemplo, puedo proponerme olvidarla ahora mismo y mostrar indiferencia ante cualquier asomo de su recuerdo. Pero sé que no puedo. Ni podré. Trazarse metas como esa en mitad de este mar de sentimientos es otra forma de decir que se puede volar con los pies. Supongo que me moriré pensando en ella si no puedo tenerla, pero la verdad es que tampoco se me ocurre una muerte más bonita.

{Débil fortaleza}

UNA LÁGRIMA EN SU HONOR

{Sentimientos indelebles}

Si todos la vieran entenderían por qué me gusta tanto. Me dijeron que me brillan los ojos cuando la miro. «Puedes engañarle a todo el mundo, pero ambos sabemos que te mueres por ella». Si bien es cierto que la he querido bastante, también es cierto que debo ser paciente, esperarla. A veces me quedo mirándola en silencio, como deseando que todo fuera tan simple como enfocarla con los ojos. Nunca pensé que iba a quererla tanto hasta que dejé caer una lágrima en su honor. Un día pronuncié su nombre y suspiré como si me librara de la responsabilidad asfixiante en la que se convierte guardar un secreto. He conocido tantas cosas con ella desde la primera vez que la vi con una sonrisa tatuada en el rostro y una mirada tan tierna que parecía una niña. Nunca he visto unos labios tan hermosos ni tuve nunca tantas ganas de besar a alguien como ganas he tenido de hacerla formar parte de mi vida. No me arrepiento de nada aun sabiendo que puedo seguir lastimándome con anhelarla en silencio. En nuestros casuales encuentros, cuando se me acaban las palabras, no evito pensar en un futuro a su lado y a la vez no descarto la realidad en la que estoy sumido, que no podré tener su cariño aunque quisiera. «No me arrepiento de haberte conocido, pero siempre me lamentaré haberte querido más de lo debido», es lo que a veces pienso. Sonrío y ella me sonríe también, ignorando el nudo que se me forma en la garganta. Sufrir es tener a la persona que quieres a centímetros de tu rostro y no poder decirle lo que sientes. Hoy la vi de lejos y estuve a su lado un buen tiempo. Bastó para confirmar que estaba perdido pero que en ella siempre iba a tener un punto de encuentro. Ella es el arma más dulce con la que alguien puede suicidarse. Voy a quitarme la vida.

UN MONÓLOGO NOCTURNO
{Débil fortaleza}

Esta es una de esas noches, la misma escena se repite. Tú durmiendo, imaginando que el mundo te pertenece mientras yo giro alrededor de ti. No me ves. Tú sueñas con lo infinito, mientras yo contemplo lo que probablemente jamás será mío. Te ves tierna, tan linda, tan deseable, tan preciosa, que adjetivos me terminarían faltando. Brillas como si tus lunares dibujaran constelaciones en tu silueta, que no ha dejado de ser mi cielo desde que te vi por primera vez. La luna hoy se apaga para los poetas, a la vez que tú te enciendes para hacerme soñar y sentirte en lo abstracto, como dentro de una fantasía imposible. Hoy es una de esas noches en las que pienso en regalarte caricias y susurrarte los poemas que todavía no te he escrito. Sueña conmigo, y por favor, suéñame tuyo. Acariciar a alguien mientras duerme es una declaración de amor atorado en la garganta, eso lo comprendí al acariciarte ahora. Sé que no puedes oírme, que tal vez tu mundo tiene melodías más hermosas que la de mi voz, pero me doy el placer de sentir por un momento que puedo hacerlo. Mirarte, pronunciar tu nombre y sentirme un hombre afortunado. Te quiero, tanto que me quedaría en vela mirándote por si en mitad de la noche sonríes sin querer. Hoy recuerdo que no eres mía, y que en mi vida no ha habido nunca un sueño tan vehemente como ese: el tenerte. Tal vez al despertar tú nunca llegues a saber de este monólogo que acabo de improvisar. Pero estas palabras te las dedicaré en silencio, recordándome que tengo un sentimiento que lleva tu nombre. Buenas noches, querida. Ojalá sueñes conmigo, porque yo todavía no despierto de este espejismo. Ojalá que el amor deje de ser una meta inalcanzable. Ojalá que, al despertar, me quieras un poquito más.

UN MUNDO MÁS ALLÁ

El tiempo pasa y me cobra de la vida el último sabor dulce que le quedaba. Uno nunca sabe cuán vacío se encuentra hasta que le mencionan un nombre y entiende que, de alguna forma que no alcanza a comprender del todo, está incompleto. Un adiós contiene más promesas que una esperanza. A veces, cuando subo a la azotea de casa, echo un vistazo a aquel mundo que se extiende más allá de mis horizontes visuales; aquel mundo que no me conoce y que probablemente yo no llegue a conocer jamás. Sueño que algún día recorreré sus calles, anchas y angostas, y nadie volverá su vista para verme. Que el silencio será mi única compañía, que la tristeza será mi última esperanza. Siento que he caído dentro de un pozo oscuro y que todavía no toco fondo (me gusta pensar que vuelo). Hay memorias que duelen y hay personas que son memorias. Me siento aferrado a aquel llanto silencioso que sólo mi almohada conoce. Las noches en vela son infaltables cuando el día ha sido un completo desastre: es una lástima completa que los recuerdos bonitos nunca lleguen en el momento oportuno, pero es peor cuando llegan y uno no les abre la puerta, decide encerrarse para ignorar al mundo, pero el mundo está ahí, afuera, con sus horizontes expectantes a que uno se atreva a pisar su suelo. Y optamos por encerrarnos. Yo así lo he preferido muchas veces. Entre cuatro paredes sólo espero que el tiempo me consuma, aunque sé que me arrepentiré de esto (siempre termino arrepintiéndome de casi todas mis decisiones). Pero hoy sólo quiero tener el placer de hacer, por lo menos una sola vez en mi vida, lo que yo realmente quiero.

{Cautiva libertad}

UN LUGAR AL QUE PERTENECES

{Abstracta tangibilidad}

No mires atrás. ¿Por qué hacerlo cuando lo que te espera por delante es mil veces mejor? Supongo que todos alguna vez hemos caído en eso. Y solemos creer que cada persona existe para cumplir nuestras expectativas, sin saber que ese es el peor error. Cuando te conocí supe que ambos teníamos planes por separado, y cuando estrechamos por primera vez nuestras manos supimos que habíamos dado con la persona correcta para llevarlos a cabo, con un apoyo mutuo. No lo negaré: me pareció una locura. Confiarle a alguien la mitad de tu vida y el resto de tus sueños es muy riesgoso, pero ahí estabas, siempre al pendiente. Nunca había pensado en llegar tan lejos y ahora no consigo recordar cuándo fue que dejaste de convertirte en un desconocido para ser la primera persona en mi lista de amigos más cercanos y recurrentes. No sé qué nos unió, pero agradezco infinitamente a Dios por haberte encontrado. Y nunca imaginé que había un pasado tan triste detrás de tu voz, pues cuando te conocí, transmitía una seguridad envidiable. Tú me enseñaste que las heridas no sanan con el tiempo, sino con dejar de tocarlas. Y parecía ayer cuando eras tú el que me daba la mano, una palmada en la espalda y unas palabras de aliento. Ahora te veo así, tan débil, que temo abrazarte demasiado fuerte por si te rompes por completo. Deja que las lágrimas se disipen con el viento, pero no olvides que vendrán más pruebas y ambos debemos estar preparados. Que la vida, así como está llena de tropiezos, también presenta segundas oportunidades. Y tú me lo hiciste saber un día: los problemas sólo se vencen enfrentándolos. Eres muy fuerte, me lo demostraste al cargar por un tiempo con la cruz de ambos. No es hora de rendirse, que más allá de la desesperanza existe un lugar al que perteneces.

OJALÁ QUE ÉL LO ENTIENDA

{Sentimientos indelebles}

Ojalá que él entienda que es afortunado. No cualquiera puede tener a la persona que quiere consigo y abrazarla, pero supongo que eso de tener a la persona querida de alguien más debe significar una fortuna, cuando no una victoria. Y si te quiere más que yo —aunque lo dudo— la afortunada deberías ser tú. Quiérelo, y vigila que te quiera también, porque te estará queriendo a cuenta de ambos. Lo cierto es que si tiene la dicha de ver tu sonrisa de cerca debe bastarle para comprender que la suerte le rodea. Yo me estaba acostumbrando, ¿sabes?, a eso de quererte. Algo raro para alguien de mi condición. Yo al final podía ofrecerte un amor sacado de libro, un libro especial, de esos de edición limitada, pero comprendo también que algunos, más que literatura, prefieren química, física y matemática. Con números y teoremas también se logran conquistas, a final de cuentas —como en la guerra—. Quizá me faltó ser más astuto, o menos cobarde, pero soy consciente de que he sido sincero. Si nunca lo supiste no es porque no haya querido decírtelo; algo me decía que en términos de escala tú no aspiras a libros, sino a esa magia invisible que los crea, y por eso ni me arriesgué. Qué tonto, la verdad. Todos estamos hechos de números y vivimos dentro de la química, pocos somos los marginados que adoptamos letras o casualidades, pero no importa si te has ido, porque la verdad nunca viniste. El que me afecte es culpa mía. Y ojalá él pueda entender que es el más afortunado por tenerte y que lo hayas elegido. Espero que cumpla con todas tus expectativas, porque te lo mereces. Mereces que alguien te quiera, que alguien te ame y que te haga sentir hermosa. Si no soy yo, eso no entra en discusión; eres tú, y él, que ha tomado los sueños que hubieran podido ser nuestros.

DEJA QUE SIGA SOÑANDO

Quieta. No digas nada. Cuenta hasta diez en la mente, con esa voz que sólo puedes escuchar tú. Si abres los ojos todo se desvanece; si te atreves a romper el silencio, todo se acaba. Me gusta que estés así, sin señales de movimiento pero con la vida haciéndote brillar el rostro. Te abrazo con esta rara delicadeza que se guarda para ese alguien que ha tardado en llegar; te miro deseando que el tiempo se congele, o que tú nunca tengas que marcharte. Me gustaría besarte y que no huyas, acariciarte con la parsimonia de quien tiene miedo a querer mucho. Si te lo preguntas: sí, te quiero, y temo no ser correspondido. A veces busco un pretexto para decírtelo, busco arrancarme mis miedos de una vez para posar mis retazos en tus manos porque estoy seguro de que tú sabrás qué hacer con este desastre. Dicen que el que quiere de verdad, termina haciéndolo en silencio, pero olvidan que esa es la manera más terrible que uno puede escoger para querer a alguien. Y yo, sabiéndolo, he callado. Porque me encuentro en uno de esos lugares que las personas dejaron de visitar hace tiempo, aunque siempre estoy esperando, porque todavía creo que es posible acallar las heridas y sanarse un poco de vez en cuando. Tú no abras los ojos, si con eso puedo seguir teniéndote a mi lado aunque no seamos nada. Es bonito cuando, aun sin que alguien te quiera, tú te atreves a ir a contracorriente; se siente esa fuerza de la desidia pero avanzas. Quién me habrá dicho a mí que con el simple hecho de desear a alguien podremos tenerlo, pero te deseo por si acaso. Y guarda silencio, por favor. Nadie tiene que enterarse de que no me quieres. No es necesario. Deja que siga soñando.

{Débil fortaleza}

TENGO IDEAS EN MENTE

{Sentimientos indelebles}

Tengo las ideas alborotadas, como una bandada de palomas que vuela en todas las direcciones. No me siento vacío, me siento tan lleno que no sé cómo expresarlo. El mayor reto de un escritor es y siempre será una hoja en blanco. El lapicero no traza más que líneas inciertas, sin sentido, caligrafiando figuras abstractas que parecen decir todo menos ofrecerme una salida. Quiero hacer tantas cosas. Convertirme en el silencio que muchos reservan para el mayor secreto de sus vidas; ser el grito de aquel que se esconde del mundo; ser las fuerzas del que calla, la adrenalina que le impulsa a alguien a saltar al vacío. Quiero. Y puedo. Tal vez. No sé. Ya no me lo creo. Aunque me lo han dicho: tú dices con las manos lo que muchos no decimos con la boca. Y me dicen afortunado. Y yo sólo me siento ajeno, lejos, como si aquellas palabras significaran una brecha indeleble que separa mi destino del mundo. Quiero escribir, pero ya no sé de qué. ¿Cómo expresar aquel nudo en la garganta que es provocado por el dolor, pero a la vez causa placer? Ese término medio. Y pronto se convierte en ese miedo que nos hace fuertes, en ese secreto que guardamos en el cofre de nuestra alma, encerrado con llave, tal como me siento ahora. Y no puedo expresarlo. Sólo puedo decir que quisiera escribir como antes. Aunque dicen que me he superado. Pero lo digo sólo porque antes, aunque me inventaba cualquier cosa, me sentía libre, libre de verdad, cuando decía lo que sinceramente quería sin tener que darle el gusto a nadie. Y ahora tengo que respirar menos, bajito, dentro del cofre que aguarda encerrado. Afuera, la luz se ha convertido en uno de esos recuerdos grises que atesoramos de los días más maravillosos de nuestras vidas. Tengo ideas en mente, pero sólo he podido escribir esto.

TU SILENCIO ES ENSORDECEDOR

{Sentimientos indelebles}

En tu silencio pude encontrar más palabras que en un diccionario, tu mirada se explicó mejor que un libro y las mejores historias de amor que he escuchado son justamente esas que nunca narraste. Al vaivén del amor se conjugan dos vidas: dos corazones unidos por un sentimiento, con los que el amor hace de las suyas. Y, claro, nadie toma cargos en contra de un abrazo que ya no viene. Nadie culpa la venganza del tiempo al quitarnos los besos que nunca nos dimos. ¿Y qué hay de la distancia? También tiene lo suyo. Cuando decidiste callar comprendí que no había más distancia entre nosotros que el silencio perturbador de tu corazón amilanado. Y como si estuviésemos hechos de acero, osamos en querernos, a pesar de todo. Corrimos riesgos y terminamos sin ganas de asumir las consecuencias. Tu ausencia no hará más que empeorar las cosas, y mi orgullo logrará tapar esta parte de una historia que intentamos narrar juntos y que resultó tener muchos errores por corregir. Y ahora que conocemos nuestras debilidades, queremos intentarlo de nuevo, pero no se puede, querida. Hay historias que deben escribirse bien desde el principio aunque uno no tenga experiencia narrando aventuras fantásticas, porque cambiar el rumbo y corregir no es más que resignarse, y resignarse no viene a ser sino la aceptación de que se perdió tiempo construyendo algo a largo plazo, para luego echar a la basura todo el avance. Tu silencio me ensordeció un día, y desde entonces he ignorado todas las llamadas que el amor me hizo intentando persuadirme para volver a caer en su trampa. Por parte tu silencio me hizo bien, pero por otro lado, destruyó un futuro que nunca tuvo presente, y del que apenas se recordará el pasado.

EL AMOR ATURDE UN POCO

Hoy es uno de esos días en los que tengo pensamientos turbiamente placenteros. Por una parte, mi estado sentimental me permite jugármelas con destinos inestables de los que me alejo por un rumbo que siempre me devuelve al punto de partida; por otra, una perspectiva delirante del mundo me hace pensar en lo complejas que se vuelven las cosas cuando uno es tan simplista. Aquella ciudad que está tras las ventanas esconde secretos que nadie cuenta, que están esperando un hálito de quietud para sobresaltar a cualquier inocente al mínimo paso en falso. Es curioso.

A veces pienso también en el amor, pero me aturde. No concilio con que algo que muchos ven con ojos brillosos termine siendo la más oscura sombra en una mente cansada y sedienta. No sé si estoy enamorado, pero algo me dice que no he querido sentirme de otra manera en toda mi vida. Con esa chica que juega el papel de musa imposible cualquiera querría vivir preso de sus palabras para siempre. Cualquiera habría querido sentir esas mil puñaladas que siento yo cuando le sonríe a otro. Cualquier persona que sepa que un cariño así no se encuentra a la vuelta de la esquina ni cada año al cruzar el umbral de un nuevo mundo, entendería que la mejor decisión que podría tomar es atreverse a querer como si nunca hubiera sido herido por nadie, ni por sí mismo.

El día me dijo desde sus primeras luces que aquel no iba a ser yo. Que yo estaba condenado a construir celdas con letras para esconder el nombre de aquella chica que en cada línea se me vuelve más lejana. Más linda. Más dolorosa. Un atardecer lleno de espectros celestiales anunció la partida lenta e invisible de la primavera, que se llevaba lo poco bueno que me quedaba.

Si algo supe hacer bien y mejorar con el tiempo desde la primera vez que la vi sonreír, es escribir. Admito que la he querido en silencio y a oscuras, pensándola entre insomnios que reflejaban lo mucho que la deseaba; entre las tinieblas que una esperanza torcida dejó proyectada cuando se dejó morir.

Quién iba a decirlo. Al final y hasta ahora la quiero, como sólo se puede querer una esperanza de vuelta (aquella que se está yendo con la primavera). Esta ciudad se oculta cuando quiero contemplar sus maravillas. Ya no me cuenta historias ni secretos que pueda atesorar con un egoísmo triunfante y celoso. La magia se está desvaneciendo con el mismo viento que trae las nubes que barren el cielo. Ya he decidido dejarlo todo. Ella sabe que la quiero, y que ninguno de los dos, su cariño y el mío, pueden congeniar en la misma ciudad que ambos construimos y que se está derrumbando con cada fracción de segundo que pasamos ignorándonos.

{Sentimientos indelebles}

TE QUIERO A MI MANERA

Podría escribirle a cualquier otra chica lo que te escribo a ti. La ventaja del oficio es que hay libertad para optar por la musa que a uno más le convenga, o que más quiera, o que se le dé la gana. Esto a veces me hace pensar que te escribo por capricho. Pero me gusta. Escribir lo que no puedo hacer contigo causa cierta satisfacción: sueño despierto, mientras nos imagino de la manera más ilusa que mi sentimentalismo me lo permite.

Hay quienes me dicen que deje de escribirte porque no me quieres, otros opinan que pierdo mi tiempo, que debería dedicarle estas letras a quien de verdad las desee y muera porque alguien le escriba «tan bonito». Y la verdad es que me da igual si hay una fila de ávidas lectoras deseando una letra de los poemas que son sólo tuyos. No podría traicionarme. No dejaría de lado algo que, aunque parezca cursi y absurdo, me ha dado bonitas razones para vivir aun siendo inalcanzable.

Quererte más me es imposible. Yo te quiero a mi manera y, ser distante de vez en cuando, también forma parte del repertorio, porque no quiero verte tan cerca cuando sé que si estás a mi lado es lo mismo que estés a miles de kilómetros. Puedo parecer contradictorio al decir que te quiero mejor cuando estás lejos, pero es tu culpa porque cuando te vi todo perdió sentido. En una forma bonita, claro. Admito que, a veces, cuando estás en silencio, imagino hacer mil cosas contigo, pero luego miro a otra parte para evitar que veas mis ojos brillosos. Me inspiras hacer cosas como, por ejemplo, abrazarte en las tardes, o caminar de la mano; avistar un atardecer de esos que nos hacen pensar que el cielo es más limpio si se ve de a dos. Viajar, cumplir metas, soñar, reír, llorar, entristecernos también… en fin, ser felices.

Por eso no quiero escribirle a nadie más. Porque aunque seas parte de un sueño imposible, yo te quiero, pues soy de los que viven fuera de la realidad en la que se encuentran. Y tú estás más allá. Siempre has estado muy lejos de mi alcance. Sin embargo, eres única y así de imposible eres preciosa. Así de inalcanzable te necesito. Es curioso, ¿verdad? Ayer ni siquiera creía que podría sonreír a causa de una persona, y ahora estás tú, una prueba más de lo mucho que puedo equivocarme en una vida plagada de sorpresas.

{Débil fortaleza}

YO NO SÉ MENTIRLE A NADIE

Yo no sé mentirle a nadie, ni siquiera consigo creerme la idea de que me gusta quedarme solo mientras te quedas mirándolo con esos ojos de los que yo sólo recibo casualidades. Como si fuera un mendigo. Yo tampoco sé decidir si lo que hago está bien o mal, o si quererte terminará formando parte de mi repertorio de los más bonitos y dolorosos errores de mi vida —aunque eso es lo más seguro—, pero sí tengo la certeza de que, si me miras y sonríes, aun si fuera por equivocación, me despertarás esas ganas de romper algo más que la rutina, de salir de este embrollo al que llamo soledad y fundirme en esa alegría que todavía no conozco. Pero vaya vida que me ha tocado manejar... No he conseguido estar tranquilo si no pienso en ti por un segundo. Me basta mirarte de lejos para entender que necesito encender la luz en esta habitación donde las sombras de un recuerdo se balancean al ritmo del tiempo, descomponiéndose en volutas de oscuridad para concretarse en una figura que no eres tú, que no tiene ni tu mirada ni tu cuerpo, y que no me importa. Si consigo arrancarte de esa dimensión y traerte a mi lado sonreiría después de tiempo, aunque sea para engañarme a mí mismo y decir que por fin lo he logrado, que te tengo conmigo y que estoy dispuesto a quererte como no lo he hecho con nadie. Es que, maldita sea, eres hermosa, como en mis sueños. Y tan irremediablemente imposible, como en mi realidad. Yo no sé cómo seguir siendo el mismo después de tanto tiempo de encierro entre cuatro paredes, pero sí sé que conocerte fue lo que me ha cambiado, lo que me ha hecho ser lo que soy ahora: un poeta con sueños imposibles, pero bonitos.

{Sentimientos indelebles}

SIN PARACAÍDAS
{Débil fortaleza}

Pensar en ti tanto como piensa en adicto a la droga, el depresivo a la navaja, o el suicida al puente. Querer a alguien para mí siempre ha sido como lanzarme desde un avión sin paracaídas. Por eso tengo cierto reparo ahora de hacerlo. Pero creo que ya no me queda mucho tiempo para decidirlo, es hora de dejarme llevar porque siento esa marea interna que me dicta a hacer cosas que no son muy aconsejables, y que nunca me parecen tan peligrosas hasta que estoy lo suficientemente cerca para darme cuenta de que, si miro atrás, la última puerta de salida ya me queda demasiado lejos. He amado tus imperfecciones, porque nunca nadie supo mostrarse a sí misma de una manera tan perfecta. Tu simetría. Tus formas. Y las mías cuando eran tuyas. He deseado perderme en ti como el mochilero que va sin guía ni mapas por una ruta que no conoce. Esa aventura impredecible. El no saber qué te espera una vez sobrepasas el límite estricto de la cordura. ¿Hay algo mejor que perder la guerra entre tus piernas? Quiero hacer la guerra contigo sobre la bandera de la paz. Humillar a quien se atreva a decirnos que estamos equivocados al querernos. Verás, el mundo es una película que no tiene mucho sentido, así que vamos a dárselo. Ellos tienen que saber que aquí se besaron un par de locos, que esperaron no sé cuántos inviernos para verse y que pasaron las siguientes horas eternizando el tiempo porque les consumían las ganas y esa necesidad de tocarse, de sentirse y ver en cualquier parte la sonrisa del otro con tal de nunca más sentirse solos. Y que lo lograron. Porque el amor ya hizo que me perdiera varias veces, y nunca me he sentido tan vivo como cuando ocurría. Así que abre los brazos, cariño. Voy a lanzarme sin paracaídas.

TU EXISTENCIA ME ENAMORA

Quería decirte que, más que agradecer el hecho de haberte encontrado, lo que agradezco es el que no te hayas ido. Creo que no hay mejor manera de demostrarle a alguien que lo quieres, que dedicándole parte de tu tiempo. Lo aprendí contigo. Muchas de las cosas sobre las que escribo me las enseñaste tú, consciente o no, y en lo que me ha sido posible las he puesto en práctica. No eres escritora, pero no te hace falta con la sonrisa que manejas y esa forma que tiene el sol de morir feliz reflejándose en tu cuerpo. Si otros poetas te conocieran, no durarían en despojarme de este privilegio egoísta de llamarte mi musa. Vamos, es que quién no lo haría. Si alguna vez escribí algo que resultó ser bonito, el mérito fue más tuyo que mío. Si lo sabes, más vale que estés segura de eso...

Lo que quiero decirte es que te quiero. Lo he dicho antes y de distintas formas, pero siento que si no lo repito terminarás pensando que he dejado de hacerlo o que no me importa. Y no. Que sepas que adoro tu sonrisa. Y más si es por el hecho de que te sientes plena, segura de ti misma. Amo tu libertad y tu capacidad de cambiar un poquito el mundo allí por donde pasas. Tu existencia me enamora. Lo dicen las canciones, la poesía que habla de ti sin darse cuenta, el arte que habla de nosotros como si nos conociera a detalle, los atardeceres que me preguntan por qué no estamos juntos todavía y ese espacio vacío que hay en la mesa de aquellos lugares a los que voy a comer solo...

Que no te lo hagan saber otros, que no te lo cuente aquel espejo, que no te convenzan los preceptos sociales: eres hermosa por tu forma de caminar y por la manera en que tus ojos embellecen todo lo que miran. Eres hermosa porque tu belleza es un acto de gratitud a la vida.

Y no voy a decirte que cualquiera puede darse cuenta de eso. Porque sólo lo saben quienes han visto un milagro de cerca. Lo saben aquellos que fijan su mirada más allá de tus labios o tu cabello. Lo saben quienes (y esto es algo que me cuesta decirlo) tienen la oportunidad de hablar contigo por más de dos minutos seguidos.

A veces también siento esas pequeñas ganas asesinas de acabar con todo aquel que pueda mirarte más que yo y de cerca. Mi orgullo masculino me impide admitir que lo que siento en realidad son celos incluso de aquel que, aun siendo un completo desconocido, puede darte la mano por cortesía o en son de saludo. La distancia que hay entre tu mano y la mía quema. Y te quiero. Eres de esas personas que enseñan. De las mejores. Te quiero y aunque tenga limitadas muchas cosas, me conformo con saber que también me quieres y que vas a quedarte todavía un poco más. Con eso sería suficiente. Puedes estar completamente segura.

{Débil fortaleza}

LAS HISTORIAS QUE ME CUENTA EL CIELO

Y si comienzo a quererte, yo me convierto en otra persona.
Miro al cielo y le dejo que me cuente historias,
en las nubes aparecen formas raras,
dos figuras, que no son humanas,
pero que tienen manos, caminando juntas.
Y fantaseo con muchas cosas.

La magia de todo esto es que aquí
la mayor parte del tiempo el cielo está despejado.
Y justo hoy, que he salido a que me dé el sol
luego de tanto encierro,
miro al cielo y están ahí, las dos figuras
que a veces me gusta pensar
que podríamos ser nosotros.

Quiero decirte, cariño, hoy más que nunca,
que pensar en ti me hace escribir este tipo de cosas.
No soy cursi, tampoco melodramático,
pero si pienso en ti no me importaría serlo.

Y puedes verme cantando una canción romántica
sujetando un micrófono invisible con una mano
y tu foto con la otra.

Puedes verme leyendo poesía más de lo que acostumbro.
Puedes, incluso, verme de espaldas al pasado,
mientras mis brazos te esperan inquietos
y mientras voy entendiendo
que la paciencia tuvo que inventarla alguien
que conocía el amor de cerca.

Puedes verme de pie ante el futuro,
sonriendo como un niño
que mira el mar por primera vez,
que es el estado más expresivo de mi romanticismo.

Yo creo que al verte, correría a abrazarte,
y después no sabría qué decirte.
Yo si te abrazo dejo de estar presente.
Me esfumo.
Pero te llevo conmigo.

Y no querría otra cosa que tocarte,
que sonreírte de cerca y darte un beso en la frente,
de esos besos que no se dan a cualquier persona.

Quisiera a ti toda mi vida,
dedicarte canciones, poesía y todo mi insomnio.
A mí poco me gusta eso de hacer promesas,
pero contigo todas mis ilusiones se cumplen.
Si estás cerca, no me bastaría arriesgarme,
quiero poner tu cielo en mis manos,
mi mundo en las tuyas,
el universo con nosotros, la eternidad en un beso.
Y sentirme tan próximo a la vida,
tan lejos del miedo que me embargaba los días
que complicaba mi existencia,
que me incitaba a amarrarme de pies y manos
para lanzarme a la desidia.

Me siento… no sé…
Creo que el no tener palabras para esto
es lo más cerca que estoy de explicarlo.
Sólo quiero vivir contigo
las historias que me cuenta el cielo.

Podemos sentarnos juntos cualquier día a observar
la forma de las nubes y la colisión de nuestras vidas,
pintando nuevas galaxias.
Si me miras de nuevo así, voy a comprenderlo todo.
Como cuando te sonrojas y agachas la mirada,
y entonces me doy cuenta
de que eres tú a quien estaba buscando,
y de que el cielo termina donde comienza tu sonrisa.

{Débil fortaleza}

ME PARECE SUFICIENTE

Quiera la vida que tú no te vayas
ni cuando sea el momento.
Que los dos estemos
y aprendamos a permanecer
donde otros se hubieran marchado
y hubiesen tirado la toalla al primer fracaso.

Quiera la vida, o el destino
—aunque no creo que exista—
que pueda abrazarte más fuerte,
y disfrutar de más días lluviosos contigo.

Hoy es lo único que podría ponerle
sabor a mi rutina
y romperla al besarte, al decirte
que estoy para cuando quieras
y para cuando no también.
Que la vida es mirarte a los ojos y saber que,
aunque vea a otras,
mi mirada nunca dejará de ser tuya.

Que te quise cuando no estuviste y que te quiero ahora,
en tus mejores momentos y en los peores,
en medio de un huracán que tiene tu voz
y a las orillas de esta playa
que tiene la forma de tu sonrisa.

Ojalá esta noche y el resto que le siguen
estés aquí para impedir que aprenda
cómo se siente tener los brazos vacíos.

A veces me pregunto cómo hubiese sido la caída
si nunca hubieses tomado mi mano,
sin aparecer justo a tiempo en el precipicio
donde hubiese desembocado
el fin de mi existencia.

¿Y sabes qué?
Te juro que no quicro saber la respuesta.
Tú hoy estás aquí conmigo.
Y eso me parece suficiente.

{Débil fortaleza}

CUARENTA Y CINCO DÍAS
{Cautiva libertad}

Te echo de menos. He llevado la cuenta de los días. Hoy se cumplen cuarenta y cinco días exactamente. Te fuiste aquel triste domingo. Todos los domingos, después de ese, son para mí las repeticiones de aquel suceso. Me paso horas pensando antes de dormir. Cada vez que miro una foto tuya no puedo evitar preguntar «por qué» en voz alta. Más de una vez te dije que no te preocuparas, que yo iba a saber arreglármelas para salir de esto, pero es cierto que con cada movimiento sólo cavo un poco más mi propia tumba y me voy hundiendo. No sé medir el riesgo cuando quiero. Sólo salto, miro la caída como si fuese magia y acabo en el suelo con la conciencia igual que mis ilusiones: hecha trizas. Nadie ha sabido explicarme cómo es que hay que darse cuenta de que alguien es la persona correcta sin antes darlo todo hasta el punto en que resulta irremediable. Arriesgarme y salir ileso es aún un misterio para mí. Creí que iba a resolverlo contigo, pero últimamente he creído en muchas cosas, y las más palpables, las cosas más razonables en las que me atreví a creer, no fueron más que el decorado de una gran estafa: tú. Creí en ti porque eras todo. Todo. Ojalá lo entiendas. Nadie nunca ha abarcado tanto significado en mi vida. Ni tampoco se ha atrevido a salir de ella después de haber ocupado un lugar tan importante. Los vacíos que me dejas son los que más me duelen. Quizá sea por eso que también el extrañarte es un martirio. Sólo quiero volver a verte aquí, pero me doy cuenta de que es tarde. Demasiado. Pero te sigo echando de menos, porque en este estado tan crítico de mi sentimentalismo, soy incapaz de darme cuenta de la gravedad de las cosas. Así que es todo. Te extraño y ya, aunque me haya empeñado en decirte lo contrario.

YO QUERÍA SER LUNA

A ella le gustaba la noche.
Admiraba la luna, las estrellas.
Alguna vez me dijo que quería irse lejos.
«Allá, donde la luz no llega».

No era musa, pero no por falta de atributos.
No era musa porque ningún poeta la había visto.

Sólo yo podía verla cuanto hubiese querido,
porque solía esperarla para escapar juntos.
Aunque el único que escapaba era yo.
Ella tenía al mundo en sus manos
y ser preso de sus silencios
era mi manera de ser libre.

Recuerdo una noche de aquellas
en las que la hice reír tanto
que le salieron lágrimas de los ojos.

«Eres un sol», me dijo.
Por desgracia, yo quería ser luna.
Porque a ella le gustaba la noche…

{Sentimientos indelebles}

NOCHES

Hay noches como esta, en la que veo al mundo girar en torno a lo triste. Hay noches en las que, si me detengo un minuto a pensarlo, puedo darme cuenta de lo vacías que me resultan. Y entonces trato de buscar dentro de mí mismo una salida o una respuesta. La mayoría de incógnitas que me cargo están cerradas y las llaves perdidas. Cuánto tiempo seguiré así, eso no lo sé y, a veces, tampoco me importa. He aprendido a caminar con peso encima desde que conocí cara a cara a la realidad, y hoy sólo prosigo aquel camino, que en ciertas ocasiones parece el atajo hacia no sé qué lugar al que tengo tantas ganas de ir y, al mismo tiempo, de alejarme. Todas las noches me pregunto si alguna vez el amor podrá salvar tantas vidas, tantos sueños que se dejan llevar por aquel ciclo que gira alrededor de la tristeza, de la desesperanza, de aquel remordimiento prematuro que nos ahorca incluso antes de asumir algún riesgo. Debe ser posible imaginarlo, que el tener al amor como horizonte es otra manera de saber que cualquier camino que elijas siempre va a ser el correcto.

Hoy sólo me quedan estas noches a la intemperie. Noches en las que el reloj comienza a marcar algo más que la hora. Noches sin luna ni trasfondo, sin más razón de ser que la nostalgia. Noches. Simplemente noches.

{Sentimientos indelebles}

NO HAY LAS RESPUESTAS QUE QUIERO

Cada vez que te veo, me rompo un poquito.
La sonrisa se me descuadra,
la vida se me hace grietas por dentro,
por eso también llegan a darme miedo los abrazos.
Si alguien me abrazara con fuerza,
fácilmente terminaría de romperme.

Cada vez que pasas como huracán por mi mente,
no me queda en pie más que las ganas de irme.
Mi vida sentimental contigo
no es más que una catástrofe.

Me rompo a escondidas la mayoría de las veces,
preguntándome las razones de cualquier cosa,
sólo quiero saber el porqué.

Por qué cuando alguien que era tan importante se va,
toda esa felicidad que hubo no se queda.
Por qué los recuerdos bonitos sólo duelen.
Y por qué son precisamente esos
 los que más tiempo duran.
Por qué no existe aún la manera
de contrarrestar la nostalgia.
Por qué lo bueno tarda tanto en llegar,
si lo malo viene más rápido.
Porqué las cosas buenas nunca duran lo suficiente
y las malas están aquí prolongando el tiempo.

Cada vez que te veo pienso
en todas las cosas buenas que trajiste,
en tu sonrisa, que al mirarla sólo imagino
mi corazón extraído de golpe y sin anestesia
de mi pecho.

Yo no quiero ser tu amigo, te dije.
Siempre quise ser más que eso.
No sé si lo entiendes,
que batallé contra mi orgullo hasta el cansancio
y luego de verte lejos,
volví para abrazarlo y pedirle perdón.

El que no estés aquí
hace que te odie y que te quiera al mismo tiempo.
Pero yo no quiero quererte,
es tu ausencia la que me controla la voluntad
y hace que escribir poemas sea un martirio
al ponerte a ti en cada línea
y al dejarme a mí de lado,
como un extra en mi propia película.

Ojalá te fueras por completo,
te aburrieras de poner tu nombre de tropiezo,
retiraras tu recuerdo de esta herida,
y dejaras sanar la tristeza de mi boca,
la misma que ya no quiere decir que te extraña,
ni que te quiere,
ni volver a hacerse preguntas,
sobre todo eso,
porque sé que no hay respuestas,
no las que yo quiero,
tú hace tiempo que te has ido…

{Cautiva libertad}

VIDA DESPUÉS DE LA MUERTE

Te quise porque le cambiaste el perfume a la soledad. Te quedaste. La vida se hizo menos dolorosa y más manejable. Salió el sol donde hace tiempo reinaba la oscuridad de los poetas más tristes de la historia. Si leía algo lo relacionaba con la melancolía. La felicidad, incluso. Qué doloroso era saber que a todos les llegaba pero a mí me tenía siempre en una sala de espera que nunca atendía. Estaba esclavizado, rindiéndole pleitesía a ese dios que inventamos para no estar solos. Yo me inventé uno y le puse «Tormenta». Así que Tormenta tenía la capacidad de llevarme adonde quisiera. La pasaba solo, lloviendo en un rincón. Otras veces hacía que desembocara toda la tristeza que llevaba días o años acumulando. Las depositaba todas en un altar y Tormenta las recibía. Mis pensamientos se dividían en malos y no tan malos. Tormenta me los echaba a todos en cara hasta que llegaste. Nunca supe de dónde ni por qué, ni quién te habló de mí ni cómo fue que coincidimos un día en aquel café. Pero te vi y supe que algún cronómetro, en alguna parte del mundo, comenzó con su cuenta regresiva. Te quise por eso, corazón. «¿Y cuál es tu nombre?», preguntaste. «Soy quien tú quieres que sea», te dije, sabiendo que disponía mi cabeza bajo la guillotina. Mi yo de entonces le dio paso a este que soy ahora. No sé en qué momento, pero morí. La cuenta regresiva terminó. Fue la primera vez que desobedecí a Tormenta y en lugar de ir con ella me quedé a tu lado. Contigo comprobé que existe vida después de la muerte.

{Débil fortaleza}

CORRESPONDER TANTA FORTUNA

Ella sabe que cuando me habla rompe algo más que el silencio. Cuando abre la boca y emergen de ella las palabras, rompe mis dudas de que no quiero a nadie más. Y de que si por mí fuera, cambiaría todas las estaciones del año por el calor de sus abrazos. Ella no debería tener dudas sobre lo que siento, ni sobre lo que es capaz de lograr con su ternura. Si me dieran a elegir un lugar bonito donde quedarme, elegiría mil veces su sonrisa. Su sonrisa y su mirada, y sus manos tan cuidadas. Su lunar en el cuello y sus pómulos que se sonrojan si le digo cuánto me encanta. Ella es preciosa al igual que ese silencio en el que no encuentras palabras, porque lo que sientes es mucho más bonito de lo que podrías explicar. Ella vino así, como un huracán de paso en mitad de un desastre. Y en lugar de desordenarlo todo, puso las cosas en su sitio. «Quiero hacerte feliz», me dijo. Yo no sé si tenga oportunidad suficiente en esta vida como para pagar o, aunque sea, corresponder tanta fortuna. Vino cuando yo estaba cayendo y en el aire tomó mi mano, amortiguó el golpe, recogió las piezas rotas de mi vida aun a riesgo de cortarse con ellas. Me abrazó con fuerza. Evitó que tropezara. Me enseñó un nuevo camino. Y hoy lo recorro con ella. Casi siempre le pido que me hable, porque su voz me suena a victoria. Su voz me abraza, me enseña que su boca encierra un paraíso. Ella sabe que no existe nadie más que pueda ofrecerme lo que ella me da. Y aunque a veces lo dude, yo estaré aquí para recordárselo. Creo que esa será mi forma de corresponder tanta fortuna.

{Débil fortaleza}

DESDE AQUÍ HASTA EL ALMA

Me gusta tu sonrisa, tu cuello, tu boca.
Me gusta cómo manejas las palabras,
me las introduces en el alma
y las dejas haciendo eco, tan adentro,
que durante el día no logro ni llego a tener ganas
de pensar en otra cosa.

Me gustan tus manos, tus uñas;
me gustan porque pienso que, algún día,
serán para mí todas sus caricias.

Me gustan tus silencios, los titubeos;
me gusta observarte callada, pensando en todo,
reducir cualquier instante a tus ojos.
Me gusta tu mirada, tus ojos suspendidos en el cielo;
me gusta cuando me miras y me dices «te quiero».

También cuando no dices nada y me reprochas.
También cuando te abrazo y te alejas.
También cuando te espero y me olvidas.
También cuando, estando contigo, estoy en todas partes.

Me gusta tu manera de herirme,
tu seducción en cada desvelo;
me gusta decir que eres mía
y me gusta cuando dices que soy tuyo.
Me gustas completa, con tu falta de confianza,
con tu exceso de cariño;
me gustas porque con una palabra,
le das explicación a mil sucesos.

«Te quiero», me dices
cuando el sol se oculta detrás de tus ojos.
Yo también te quiero, cariño.
Desde aquí hasta el alma.

{Débil fortaleza}

UN HÉROE DE GUERRA

Te quiero por la paz que trajiste en tu boca, tu voz, tus besos. Te quiero porque tras haber sufrido tantas decepciones, eres la única que pudo ponerle fin a mi búsqueda. Yo había zanjado salidas, había clausurado el parque de las ilusiones y rompí el tratado de paz con mis recuerdos. El detonante fue la soledad. La guerra se desató un domingo, las noches se me hicieron largas; cada hora significaba un sinfín de pretextos para no salir de aquel agujero. Nunca me percaté de que, sin duda, las cosas más bonitas se encuentran siempre por casualidad. Pero las mejores, lo encuentran a uno, lo buscan, le dan la mano, lo rescatan. Tú. Todas las cosas buenas de mi vida se reducen a ti. Hoy me paso horas pensándote y el mar está en calma de nuevo, aunque eso no significa que en las profundidades ocurra lo mismo. Claro que, tratándose de ti, las cosas que ocurran al fondo no son más que celebraciones. La gente, al mirarme, sabe que mis ojos brillan.

—Estás enamorado —me dicen.

—¿Y eso cómo lo sabes?

—Se te nota en la mirada.

No me extraña. Hoy me siento como un héroe de guerra. Todos mis miedos murieron y en mis recuerdos, las circunstancias se apilan por grado de importancia. Pero lo que ocurrió antes de ti no me importa. Lo que sigue es encontrarte siempre y que siempre me rescates, o nos rescatemos juntos. Y celebrarlo. Hoy, contigo, las horas se hacen largas por otras razones.

{Débil fortaleza}

LA VIDA

Los detalles de una sonrisa, los hoyuelos de las mejillas, los ojos entrecerrados, el roce de dos cuerpos, la coincidencia de dos vidas, el amor compartido, la resiliencia a las despedidas, el tiempo que se congela en una mirada, el olor de la tierra después de la lluvia, el olor de la felicidad después de la tristeza, la fortuna de un abrazo, el placer de reír con amigos, las vistas a un pasado que ya no duele, las ansias de un futuro con los brazos abiertos, el peso del vacío en las noches solitarias, el consuelo encerrado en un mensaje de texto, las llamadas que duran horas, la lucha detrás de una derrota, las fuerzas de dos pies que caminan sin ganas ni motivos, esos recuerdos que huelen al perfume de la abuela, los besos envueltos en bolsas de caramelos, la infancia que no hemos dejado, los sueños que tienen alas propias, el primer amor tímido, lindo y cursi, las bromas con los amigos, esa secundaria entrañable, los amores de paso en la calle, algún bus o un cine, las manos que están y las que se fueron, personas cuya ausencia dio paso a otras personas que hoy permanecen…

Los consejos,
los padres,
los hermanos…
En fin, la vida.
Mirar al cielo como símbolo de esperanza.

{Sentimientos indelebles}

ESTACIONES POÉTICAS

Una vez leí un poema.
Hablaba sobre la soledad
y el misterio que encierra el porqué
de que muchos la elijan y otros la eviten.
Era otoño.
Aquella noche yo también escribí un poema.
Fue la primera vez que hablé
de una chica de la secundaria
a la que nunca llegué a enamorar
y de la que hace tiempo no sé mucho.
Otra chica que me leía,
decía que desperdiciaba el tiempo,
que mejor la quisiera a ella,
que ella no era como todas.

En otra ocasión leí un cuento breve.
El autor debió de ser un niño cuando lo escribió
al decir que el amor es como un imán de algodón
que te atrae con fuerza, pero que nunca te golpea.
Aquella vez era ya invierno.
Y escribí de nuevo sobre esa chica.
Ya había conseguido novio y yo era su mejor amigo.
Me desvelé pensando
en lo mal que me iba en eso del amor
porque él conmigo siempre fue imán,
pero nunca algodón.
La otra chica me miraba con lástima y enojo.
Supuse que el amor, de alguna forma,
tampoco se llevaba bien con ella.

La última vez que leí un poema
fue la primavera pasada.
No era de amor ni de cosas tristes.

Tampoco era un poema feliz.
Hablaba de un niño que quiso ser héroe
y de cómo salvaba a todos menos a sí mismo.
Aquella tarde salí de casa
y fui en busca de la otra chica.
La encontré en el banco del parque
sonriéndole al cielo que debió parecerle
la mirada de aquel chico que ahora la abrazaba.

Luego asistí a clases.
Mi mejor amiga estaba llorando
y entonces odié mucho ser yo.
Yo, el que no podía quererla;
yo, el que tampoco se dejaba querer.
Regresé a casa barriendo el suelo con la mirada.
Aquella noche elegí estar solo.
Fue entonces cuando comprendí el primer poema:

La soledad es una barrera que construimos para aislar de nosotros
la terrible verdad que es el hecho
de que le tengamos miedo a lograrlo.
La felicidad es de los que se arriesgan,
sabiendo que en el camino pueden perderlo todo.

Fue la última vez que escribí
sobre la chica de la secundaria,
que ya era feliz con otro, mientras que la otra
que decía quererme, descubrió
que quien estaba perdiendo el tiempo era ella.

El amor no es que me haya abrazado, precisamente.
Pero después de haber salvado la vida a una persona
y haberle dado el sentido a otra,
hoy, por fin, decido salvarme a mí mismo.
Quiero saber lo que sienten
las personas que eligen la soledad por sobre todo.
Que hacen de las ruinas otro paisaje.

El próximo verano leeré algo diferente.
Supongo que escribiré también.
Y espero que, al menos por esta vez,
nadie salga herido.

{Abstracta tangibilidad}

SUELTO ENTRE LAS LETRAS

Escribir tiende posibilidades,
le cierra las puertas a la conciencia,
le abre la razón al sentimiento.
Escribir es perdonar la mentira, sacrificar la verdad,
condenar al vacío al paredón de las palabras.

Escribir es levantar muros y mirar a través de ellos.
Escribir es catártico,
el incendio que se desata entre las manos.

Escribir es cambiar de musa en cada párrafo,
extrañarla como si fuera una sola;
escribir es erigirla como el centro de un universo
que sólo existe en la inmensidad de un poema.

Es también el dolor, la angustia,
de saberla dueña de tu historia
y ajena al mismo tiempo.
Es darle las llaves de aquel cofre
que contiene tus mayores deseos.

Escribir es volar a través de las líneas,
fijar el soporte en un par de vocales,
mientras que al otro lado,
la magia se pone de pie y aplaude,
las luces se encienden,
alguien sonríe, alguien siente.

Escribir es eso: la ilusión,
el golpe, la caricia;
es la hora punta de las desolaciones.

Es enterrar los recuerdos entre las hojas,
suplantar el miedo por las ganas,
bajar al sótano de la ironía
y subir al cielo de su boca.

Escribir es místico, casi celestial;
es tambalear la conciencia
entre la ficción y lo real;
es confundir identidades
y perder la propia,
como reconocerte más en una máscara
que delante del espejo.

O quizá no es perderla realmente,
sino descubrir la que llevábamos dentro
tanto tiempo sin saberlo.

Porque escribir también te abre los ojos,
te muestra que la persona que realmente eres
no es el que está encerrado en una foto,
sino el que está suelto entre las letras.

{El arte de escribir}

CUÁNTO ME HUBIERA GUSTADO

Ojalá doliera menos.
Ojalá sólo doliera,
ni menos ni más.

Te quise.
Y qué horrible es afirmarlo
como parte de un pasado.

Ojalá pudiera… no sé,
regresar,
cambiar las cosas,
olvidar, siquiera…
evitar derramar lágrimas,
volver a encender sonrisas.

Fue bonito.
Fue.

Cuando hablo de ti
o escucho tu nombre,
o lo leo,
o lo recuerdo,
en mi mente aparece
una importante, maravillosa
e irrecuperable parte de mi vida.

Recordarte con tus gestos y tus ocurrencias,
con tu falta de tiempo y tus disculpas.
Recordarte así, en esencia,
es reconocer que me haces falta
pero que no debo torcer el brazo.

Qué horrible,
qué impotencia,
qué asco
luchar contra uno mismo.

Si lees esto —porque tú solías leer lo que te escribía—,
si me descubres desempolvando las intenciones
sólo entiende: no es mi objetivo olvidarte,
pero tampoco puedo evitar que duelas.
Que duelas tan adentro por estar tan lejos.
Que duelas como si hubiesen vuelto a mí de golpe
todos los planes a futuro
y la única promesa que te hice: el darte un abrazo.

Una promesa que duele como otras
que siempre quise hacerte y que
—al igual que todas—
no podré cumplir nunca.

Ojalá doliera menos.
Ojalá sólo doliera.

Hablar de ti es confesar mi tristeza en público.
Es ir en contra de mi orgullo y de mi silencio
y de todo este ser que parece de piedra
pero que se rompe a escondidas
para que nadie se entere nunca
de que hasta a las personas más duras
nos duele la ausencia de alguien.
A mí me duele la tuya.
Me duele la mía,
cuando era tuyo sin que lo supieras.

Tampoco quiero negar que, si volviera a conocerte,
si esta fuera la primera vez que hablamos,
si mañana nos tocara dar otros pasos,
si comenzáramos de cero en la vida y en la memoria,
no descansaría nunca
por lograr encerrarte conmigo, en mí.

Haría las cosas más fáciles,
dejaría mi orgullo de lado,
mataría a golpes mi indiferencia,
construiría puentes entre tanta distancia.
Y te querría.
Te desearía.
Te amaría.
Incluso más que antes
porque esta vez me daría más libertad,
dejaría de tener miedo,
me arriesgaría.

Pero hoy duele.
Ojalá no,
pero es así.

La única palabra que le faltaba a este crucigrama
no era «amor», era «adiós».
En este y otros juegos,
y aunque no me arrepienta,
ni, de momento, quisiera cambiar nada,
los dos perdimos.
Los dos por igual.
Yo por quererte tanto,
tú por apagar la ilusión.
Los dos por sufrir lejos.
Cada quien alimentando el orgullo.

Así que supongo que hay cosas
que son necesarias,
como, por ejemplo,
recordarte ahora, mientras escribo
y mientras me miro desde arriba,
incapaz de levantarme
por mi gusto masoquista
de revolcarme en el remordimiento.

Cosas necesarias como el que hayas llegado
y te haya abierto la puerta.
Cosas como terminar
sin haber comenzado nunca,
como aceptar que hoy soy todo
lo que nunca pensé ser,
o que hoy sé tantas cosas bonitas
porque tú me las enseñaste.

No quiero despedirme.
Pero es que ya nos hemos ido hace tiempo.

Regresar, o querer hacerlo,
no sería otra cosa que
un deseo frustrado.
Casi como el quererte.

Y te quiero.
Ya no como antes,
pero cuánto me hubiera gustado.

{Cautiva libertad}

PARA SIEMPRE

Qué relación existía entre quererte y olvidarte.
Quizá olvidarte para no quererte.
O quererte para no olvidarte.
Olvidar es la obligación más dolorosa del mundo.
Dejar el futuro a rastras
de un miedo,
de un pretexto,
de una sonrisa dibujada al revés
con lápiz sobre un papel.

Guarda mi rostro en alguna parte.
Las fotografías no tienen memoria.

Que se acabe el mundo en tu boca
y que la vida comience en tu cuerpo.
Que mi universo gire en torno a tu existencia.
Y que ojalá el quererte
no tenga que ver nunca más
con el asesinar los recuerdos.

Yo a ti te quiero como
para guardarte conmigo
para siempre.

{Sentimientos indelebles}

LA POESÍA EN MOVIMIENTO

Ella era eterna.
Tomaba aire y volaba.
Era monstruosa.
Hacía que las nubes se detuvieran a mirarla.
Bailaba y la mitad del mundo dejaba de estar triste.
Reía y la gente se quitaba los audífonos.
El mar en calma, azul y cristalino,
juraba no haber presenciado nunca
un espectáculo tan bonito.
Ella tenía la memoria
atorada a medio camino
entre el reproche y el olvido.
Cruel como sólo la belleza
que se ve y no se toca
puede serlo.
Era la poesía en movimiento,
la complicidad clandestina de un «te quiero»
recitado al espejo.
Era preciosa.
Una magia que sólo existía mientras
uno pudiera sostenerla con la mirada.
Un ápice del cielo que duraba apenas un segundo
que se repetía constantemente.
Estaba claro que no había un as bajo la manga
y que de haberlo, eso no hubiese impedido la ilusión.
Muchos entonces ya lo sabían:
la magia siempre está
dentro de ese truco que no se cuenta.

{Débil fortaleza}

INTENTÉ BORRARTE

Y mientras la vida se me escapa, tú te vas con ella;
dejas algo de ti que resulta inolvidable
y me sonríes desde lejos, como quien
manda saludos desde el pasado.
Un «hola» que suena más a todos los poemas
que siempre quise recitarte.
Un adiós que tiene el color
de una oportunidad que nunca nos dimos.

Hola, te digo, como si nada.
Ojalá volver a verte pronto
cuando las voces se callen
y nuestras manos no estén tan vacías.

Es duro ver las huellas que dejaste
huérfanas de tus promesas;
las calles sin tus pasos, la prosa sin ritmo
de esta vida que no me cabe en el pecho
ni en ningún otro lado
si no estás tú para completarla.

Porque te quiero y no sé ya cómo decírtelo.
Te quiero y he olvidado cómo no hacerlo.
He vaciado los calendarios,
he dejado de escuchar ciertas canciones,
he vuelto a los libros de antes
y siempre llego a ti.

Intenté olvidarte…
Tres veces intenté olvidarte.
Cada intento con diferente nombre.

Fueron tres mujeres sin pasado.
Fueron tres sin resultado.

Cada una me dijo lo mismo que tú,
pero en ninguna encontré la calma,
la paz, la desambiguación de este amor
entregado al silencio, al reproche.
Me doliste en todas ellas.
Y me dueles porque eres única,
porque te estás llevando mi vida
por la puerta trasera.

Yo te espero en el mismo sitio
desde el que veo pasar a cuantas chicas
que ya han comenzado a tener tu cara,
tu forma de detener el tiempo,
pero no tu maldita forma de calmar este infierno.
Y es que estás siempre donde no puedo tocarte,
ni puedo escuchar tus reproches.
Antes me hubieses dicho que
más me valía quererte sólo a ti.
Y hoy me doy cuenta de que sí,
que no quiero a nadie más.
Ya estoy cansado de esperarte.
De pedirte que dejes en paz este espacio.

Dime cómo hacer para verte
y no tener ganas de regresar en el tiempo
a ese momento en el que todo el mundo
nos cabía en un «te quiero».
Un te quiero que hoy suena
más a un adiós que a cualquier cosa.
Un te quiero que no he vuelto a dedicarle a nadie.
Un te quiero vacío, prohibido, conciso de esta catarsis.

Te quiero aunque lo intenté.
Sí, querida,
lo intenté.
Intenté borrarte.
Y aunque siga intentándolo después,
soy consciente de la imposibilidad,
pues hoy tu nombre está escrito
con tinta indeleble.

{Cautiva libertad}

TE HE AMADO POR SER ÚNICA

He amado tu piel, tu boca, tus sonrisas. He deseado perderme en ti con la facilidad de un niño en un laberinto. He amado tus silencios, tus secretos. Tu forma casi despiadada de hacer que te recuerde. He amado tus gustos raros por la música, por el fútbol; he amado que no seas perfecta y que cada día seas como distinta, sin dejar de ser tú misma; he amado tu pasión por ayudar a los demás, tu entrega. He amado tu sinceridad en cada «te quiero», tus días de indecisiones, de llegar tarde al trabajo, de contestar a destiempo mis mensajes. He amado tu ausencia, el poco tiempo que me dedicabas. Te encontré siempre en cada libro que abría. Y ahí, en ese espacio de letras y palabras, quise meterme y quedarme contigo. He amado tus apariciones en mi mente en cada canción romántica que escucho.

He amado tu cabello. Tu decisión de cambiarlo de color dos veces. Te amé pelirroja, te amé azabache, te amé a ti sin decírtelo, gritándotelo a cada rato, sin que me escuches, por estar encerrada en tus silencios. He amado el que seamos diferentes, tu nula necesidad de dejar de ser como eres, sin otro propósito que hacerme ver el mundo de otra forma, mientras veía que el mundo te admiraba, y los hombres me envidaban, y las mujeres querían ser como tú.

He amado tantas cosas, todas tuyas. Tu singular pasión por los detalles. Las canciones de Birdy que sigues poniendo al leerme. Las veces que necesitaste escribirme y no lo hiciste. El que hayas notado más de una vez toda la atención que te ponía. He amado tus palabras, tu desesperanza, tus malos ratos; te amé a ti pidiendo auxilio, un abrazo. Te amé y quizá lo sigo haciendo. Es una de esas decisiones de las que no quiero desprenderme. Porque eres única y aunque no estés ni pienses volver, yo sigo amando tu ausencia, tu forma casi despiadada de hacer que te recuerde…

TU SONRISA

Usas maquillaje para verte «más» guapa,
o al menos así lo veo yo.
Porque vamos,
guapa ya eres, y de sobra.

Me atrevería a decir incluso
que no te hace falta.
Pero sé que no me harías caso
así que mejor me callo.

«Qué sabrán los hombres de maquillaje».
Te sorprendería saber, querida,
lo enterado que estoy en estas lides.

Podrás usar labiales,
polvos, delineadores,
rizadores de pestañas,
sombras para ojos.

Pero cuando quieres enamorar
o cuando enamoras sin querer
la causa es una sola: tu sonrisa.

Me consta.
El resto del maquillaje
sale sobrando.

{Débil fortaleza}

UN PASADO DEMASIADO GRIS

Hace un año todo era tan distinto. Supongo que decir esto es algo obvio, porque las cosas siempre cambian en esta vida vertiginosa, en la que todo es un constante ir y venir, como un vagón encarrilado que, aunque vaya lento, nunca permanece tanto tiempo en un mismo sitio. Tú eras igual de guapa que ahora, sólo que entonces no sabía que ibas a dolerme tanto. Tampoco tu ausencia era tan notable. Hace un año me faltabas y aprendía a vivir con eso hasta que volvías. Y hablábamos de cómo te había ido, qué proyectos para la próxima semana, a cuántos niños hiciste sonreír con tu presencia, o cuántas reuniones tenías para un solo día. Era volver a mirar tu mensaje y acordarme de que estaba vivo.

Hace un año me pedías que te extrañara más seguido y yo te decía que era culpa del silencio. Hace un año yo quise irme y tú hiciste que me quedara. Hace un año hubiese dejado de escribir de no ser por ti. Descubrí contigo —o descubrí en ti— lo que es ser importante para alguien. Aprendí que las ruinas también merecen fotografías y visitas de vacaciones. Y yo, que era la persona que más decepciones me había causado, me sorprendí gratamente al saber que me querías. Que realmente me querías. Y entonces me entró un miedo horrible, ese tipo de miedo que te dice que puedes arruinarlo todo; un miedo racional, que exponía los riesgos y me decía «detente». Aunque para detener a alguien como yo, cuando se trata de una chica como tú, hace falta más que una advertencia. Seguramente eso fue lo que atrajo el desastre: mi persistencia, el querer llevarlo todo más allá y que tú estés ahí para verlo. Me vi barajando imposibles e inventándoles una salida. Me vi intentando cruzar un puente que se caía a pedazos. Al otro lado estabas tú y me llamabas.

Después soñé contigo, ahí no querías saber nada de mí. Yo te seguía, insistente como siempre, hasta que al final te fuiste. Ambos coincidimos en que fue un sueño horrible. Pero no pasó mucho tiempo para que los dos veamos cómo, lenta y dolorosamente, se hacía realidad.

Ahora aquel año me parece un pasado demasiado gris, un paisaje desolado, inhabitable, en el que a veces pasean fantasmas. Pero tú (y esto es algo que no debes olvidar nunca), tú sigues siendo preciosa.

{Cautiva libertad}

LA SOLEDAD

Porque qué sería de la soledad sin nadie que la inspire. Sin que hayamos aprendido a vivir con nosotros y necesitemos un estimulante, una sonrisa que nos duela cuando no esté; una palabra de cuyo silencio no queramos saber nunca. Porque qué hay detrás de la tristeza, sino una felicidad ausente. Qué hay de las preguntas que no hacemos por no querer saber las respuestas. Qué desgracia es peor que sentir cosas bonitas por alguien que no existe; qué dolor es peor que humedecer los pañuelos por una expectativa vacía, fantasiosa. Qué sería de la soledad cuando, al mirar al espejo, al otro lado sólo encontremos un desconocido. Y no poder soportar la presión en el pecho de querer escapar del interior de una habitación sin puertas.

Qué nos inspira a hacer eso, huir hacia donde sea con tal de estar lejos; a cualquier dirección con tal de evitar este presente que nos persigue como una sombra. Y alcanzar la entrada a otra soledad sin nombre.

Pero qué sería de ella sin las personas que la componen. Porque la soledad es eso: personas, momentos, detalles, planes, que se convierten en alicientes sin efectos. La soledad son recuerdos pegados a los párpados, que pesan más en las noches, que nos despiertan a las tres de la mañana, que nos hacen escribir cartas, mensajes perfectos, sin la intransigente valentía de enviarlos o decirlos a la cara. Y nos hace ocultar el rostro, bajar la mirada, resignarnos a ir arrastrando el alma por ahí, hasta llegar a otra habitación sin ventanas ni puertas, sin siquiera la oportunidad de hacernos preguntas.

{Cautiva libertad}

85

UN LLANTO INTERNO

A veces el llanto es hacia dentro. ¿Lo has sentido alguna vez? Bajas la mirada, suspiras. De repente un recuerdo aparece y enciende la chispa, se desguaza lo que tenías por escudo y después tus fuerzas se convierten en gelatina. La mayoría de veces no puedes decirle a nadie lo mal que te sientes. Esperas a que te pase, pero lo único que pasa son las horas y tarde o temprano el nudo en la garganta se vuelve demasiado grande que es imposible de deshacer. Alguna voz en tu interior te dice «mañana será otro día», cada noche en la que comprendes que todos los días son los mismos. Echas de menos, por una razón que no entiendes, a alguien que le quita a tu corazón la capacidad de defenderse por su propia cuenta. Cuando llueve sientes ser tú el que se precipita. Días con cielos de plomo te cubren, mientras el resto de personas disfruta de un verano apacible, esperanzador, incapaces de ver el temporal que mantiene inundada tu alma. Buscas refugio en lo que sea, y lo único que quieres es dormir. Lo peor es cuando no puedes hacer ni siquiera eso. Y tienes que aguantar otro día mirando a gente sin rostro, sonriendo por cortesía ante la presión de una vida que no es de tu talla. Finges una tranquilidad tan cálida como el verano, y tus demonios, esos que están acostumbrados al infierno, no dejan de bailar bajo tu tormenta, justo encima donde tienes el corazón.

{Cautiva libertad}

ERES IMPOSIBLE

En tu sonrisa veo mi futuro. Si pudiera cogerlo con las manos, sería una historia completamente diferente. Ojalá, pero no. Tu sonrisa sólo puede mirarse. Si hay intenciones de por medio, creo que quien desee tenerla cerca, tendrá que aguantarse las ganas. Como yo. Pero sonreíste y el mundo se me cayó a los pies. O a los tuyos, claro. No lo supieron entonces, pero los hombres comenzaron a mirarte en otras, como buscándote, ignorando que era yo el único al que le diste la capacidad de mirarte completa, con tus cicatrices cerradas y abiertas, con tus labios de media luna y tus ojos en los que brillaban constelaciones. Si te digo la verdad, estoy mirando el pasado sólo por verte. El recuerdo es una ventana con vistas demasiado tristes, pero ahí, incluso, existe algo que vale la pena mirar y eres tú. A veces también sueño contigo y cuando despierto vuelvo a cerrar los ojos. Soy de las personas que no soportan la realidad cuando esta es demasiado distinta a lo que sueñan. Sigo buscándote entre las notas de voz, los mensajes, las fotografías que mantengo guardadas en el móvil. Me gustas. No te diré que eres la mujer más bella del mundo, no. Tampoco eres perfecta. Porque incluso el decir eso sería limitarte. Sólo eres imposible y lo imposible enamora. Ser imposible te hace deseable. Y ahí está el detalle, que yo a lo sumo que puedo atreverme es a mirarte esperando que mi mirada te lo diga todo. Y tu sonrisa… Tu sonrisa sigue siendo mi futuro. Pero ese futuro sólo existe dentro de un sueño.

{Cautiva libertad}

AQUEL GRIS DE MI VIDA

Tengo en mi vida un álbum de despedidas
de personas lejanas y recuerdos borrosos.
Desde el espejo, me mira alguien con los ojos grises,
la sonrisa gris, la ropa gris y el olor gris.
A veces me pregunto cómo es posible
que tanta nostalgia quepa en una sola persona.

Por las mañanas busco una razón para levantarme.
Por las tardes la encuentro, pero en las noches la pierdo.
Y así todos los días.

Me paso respirando al son de las horas muertas.
Escucho música repetida.
La poesía me parece un banal esfuerzo
por reemplazar a la esperanza.

Paseo por la Plaza —siempre el mismo recorrido—
mirando quién tiene los ojos por el suelo,
observando a la gente ir y venir, pasar de largo,
tener prisa siempre, como si alguien
los estuviera esperando en algún sitio.
Deben tener mucha suerte.
Hace tiempo que los paraderos a los que llego
permanecen vacíos.

Hay gente feliz, gente triste,
parejas de la mano, familias tomándose fotos,
pero todo el mundo está solo.
Lo sé, puedo verlo.
Así estoy yo antes de abrir los ojos.
Tarde o temprano, todo y todos te abandonan.
Entonces las avenidas se vuelven más anchas,
paseas buscando el rastro de gente fantasma.

Te das cuenta de que hay tantos otros como tú
y que lo único que los separa
es el silencio, el no atreverse.

Las cosas más bonitas que llegaron a tu vida,
lo hicieron sin que las estuvieras esperando.
Y de pronto la vida te las pide de vuelta.
En un abrir y cerrar de ojos.

Primero te desesperas y luchas contra la corriente,
como aquella mujer que tiene que aguantar
la pérdida de un hijo que nunca quiso,
pero que aprendió a amar con el tiempo.

Pero después te resignas, como quien
se despide de una vida que siempre supo
que era demasiado para él,
como aquel poeta que tiene que quemar
las hojas de su mejor poema
porque el destinatario se quedó vacío,
la dirección se tornó un camino errado
y toda su vida resumida en aquella carta
ya no tenía razón de ser.
¿Sabes qué es lo más triste?
Que eso era todo lo que le quedaba.

Y sí vas tú, caminando y sabiendo que algo te falta.
Extrañando sin saber qué o a quién.
Y mirándote al espejo para encontrarte siempre
con aquel extraño de ojos grises,
sonrisa gris,
ropa gris,
el olor gris
y cuya vida ha estado delante de tus ojos,
en este poema, todo este tiempo.

{Abstracta tangibilidad}

PINTAR LA ESPERANZA

¿Sabes? A veces pienso que el mundo debe odiarnos demasiado. Mirarte a ti mismo a los ojos hace que tengas ganas de esconderte. Hemos dejado atrás todas las oportunidades y ahora, mirando hacia adelante, sólo hay caminos de retorno. Vivo con el deseo latente de poder hacer que esta realidad se parezca un poco más a esos sueños de los que despierto con ganas de continuarlos. Me causa pesar el que tú sonrías y que para eso no te haga falta recordarme. También suelo sentarme en un rincón a esperar que alguien me diga que esto no es todo, que hay algo que todavía no llega. Imaginarlo me parece pintar la esperanza de un color que sólo puedo ver con los ojos cerrados. Parece bonito, pero entonces siempre me dará miedo despertar. Cuando no esperas nada de la vida, lo que venga, por muy bueno que sea, siempre parecerá que llega tarde. Es esa indiferencia forzada, el desistir por el poco amor que aún le tienes a tus heridas. A veces también pienso que el mundo estaría mejor sin mí, pero luego recuerdo que no soy tan importante para él y que mi ausencia no remediará nada. Y está bien, no estamos solos, pero tampoco con quienes queremos y eso es peor que cualquier cosa. Qué difícil se vuelve para quien tiene las manos vacías caminar en medio de personas que siempre tienen a alguien a quien abrazar.

{Sentimientos indelebles}

UN DIAGNÓSTICO DEMASIADO GRAVE

Hoy de nuevo…
Hoy, como ayer,
—quizá también como mañana—
he vuelto a rescatar del fuego los recuerdos.

Son cartas sin remitente,
poemas con faltas de ortografía,
palabras mordidas por las llamas
y un amor ya hecho cenizas.

No es que esté triste,
es que hace tiempo no soy feliz y me asusta.
Porque tampoco hago nada al respecto
y sólo estoy aquí, esperanzado en un tiempo
que pasa de largo, sin curar nada.

Nunca he tenido
tantos deseos incumplidos como ahora.
Nunca antes alguien me dolió hasta el punto,
que incluso hoy,
ya lejos de aquel día,
cuando se supone que no debo quererla,
no puedo mentirme a mí mismo,
porque no recuerdo haber
derramado lágrimas más sinceras
por ninguna otra chica.

Lo peor de no saber
el camino después de una persona,
es que ya no hay forma de volver.

Hoy sonreír pesa.
La soledad, que antes era mi mejor amiga,
hoy me mira a los ojos y rompe a carcajadas.

Los «te lo dije»
flotan en el aire como una peste.

Lo más doloroso es saber
que no hay analgésicos
para cuando te duele alguien.

Cuánto pesar causa
que el alma y la mente se enfermen.

El amor, después de todo,
es un diagnóstico
demasiado grave.

{Cautiva libertad}

EFECTOS COLATERALES

El error fue soltarte así de repente. Nadie ha podido entender hasta ahora la magnitud de este percance. Pueden intentarlo, pero para entenderlo tienen que haberlo sentido, y cómo van a sentirlo si no te conocen, si ni siquiera saben de nuestros momentos ni de cómo nos robábamos algo más que el pensamiento. Nunca vieron los caminos que trazamos, las puestas de sol que reservamos para un futuro que —me da tanta tristeza decirlo— esta vez se irá sin nosotros.

Quizá haberte dicho que estaba bien lo hubiese compensado todo, pero tampoco me veo intentando borrar un sentimiento que crece con el solo hecho de tu existencia, como quien sonríe y dice que está bien después del golpe. Alejarme hace que deje de mirarte y que aquel contacto se pierda, mas no evita que te eche de menos, no quita de encima esta culpa, por mucho que hayamos llegado a ese acuerdo de dejarnos el pase libre de seguir, cada quien por un camino que, mientras más solos lo recorramos, más vamos a querer recorrerlo con el otro.

Hubiese querido tomar tu mano, hubiese dejado atrás la conclusión triste de que en el fondo yo siempre tuve miedo, pero que de entre los dos, tú fuiste la única que tuvo la tajante certeza de que íbamos a terminar mal. Me lo dijiste tantas veces y ahí permanecí yo como buen obstinado, bajo una esperanza que resultó barata, empujando una realidad que siempre fue más grande que yo.

Nadie puede ni tiene derecho a entenderlo, sólo los dos sabemos los efectos colaterales de enamorarnos a borde de tanto riesgo.

Pero no debí soltarte, irme tan pronto. Tuve demasiada suerte al encontrarte como para haberte dejado ir sin pensar que luego terminaría extrañándote durante tantas noches seguidas. No es ninguna sorpresa, entonces, que los planes que tenía contigo no sólo no se hayan cumplido, sino que también se hayan vuelto en mi contra.

{Cautiva libertad}

DEBERÍAN ADVERTIRNOS

Y es que adónde más podíamos escapar. No he visto puertas abiertas desde que cerraste la única salida al irte. Anoche acosté temprano a mi orgullo y hoy he amanecido con la sensación de que me faltaba algo. Hemos vuelto a hablar entre silencios, supongo que aquí termina otra de esas historias donde ninguno de los dos quiere despedirse. Si te miro y no me encuentro ahí, en tus ojos, ¿adónde más tendré que dirigir la mirada? Y buscarte ahí, donde sea; encontrar el retrato de la vida que no tuvimos. Acariciar por última vez la herida y volver a marcharnos, cada quien a buscar un lugar en el que no volver a sentir que vamos a perder algo importante si nos arriesgamos. Qué lección tan dura esto de enamorarse. Deberían advertirnos, ¿no crees? Si encontramos con quien quedarnos después, vamos a buscar en esa persona lo que encontrábamos sólo en nosotros. Ojalá no cometamos más errores. Tú me dijiste que me quieres y yo te diré que nunca más intentaré olvidarte. No me queda otra que fingir que ya nada de esto me importa. Intentaré hacerlo sin llorar.

{Sentimientos indelebles}

DONDE COMIENZAS TÚ
{Débil fortaleza}

A mí me gustas así, sideral, misteriosa,
callada, franca y celosa.
Me he acostumbrado a tus silencios esporádicos,
al devenir instantáneo de tus facetas
y no quiero cambiarte ni siquiera
el malhumor con el que te levantas.

Tengo planes a tu lado, aspiraciones de un aprendiz
que va descubriendo las líneas que dibujan
el contorno de tus caderas, tu talle ceñido a mis brazos
y aquella profundidad que cabe en un par de ojos
que miran y observan y que ven siempre
más allá de lo que uno es capaz de concebir.

Sé que me he tardado en decirlo, y lo siento.
La cobardía ralentiza con frecuencia mis planes;
pero hoy contigo sé que el arriesgarme
siempre será la decisión correcta,
así que vamos a comernos el mundo,
a encender las farolas de día,
comer helados de noche;
jugar en el mar y armar castillos de arena;
iremos al campo y rodaremos por las laderas,
alzaremos los brazos al cielo
y todo lo que señalemos te juro que será nuestro.
Iremos adonde tú quieras y haremos lo que tú quieras.
Conoceremos los centros turísticos
de esta y todas las ciudades que se nos antojen.
Cuando haga frío pasaremos las tardes abrazados,
viendo las series que tanto te gustan,
o las películas que me traen loco.

Prepararemos nuestra comida favorita,
y al amparo de una taza de café caliente,
veremos a la gente caminar a través de la ventana.
Te recitaré poemas al oído, cuando estés tan cansada
que tengas las ganas por el suelo y a mí me toque
ser quien te dé la dosis perfecta de arrullo,
entre susurros, a un par de centímetros de tu oreja.
Y cuando se haga de noche, en una de esas de verano,
te prometo que saldremos a caminar hasta tarde,
iremos hasta aquel rompeolas que tanto te gusta
donde nos miramos a los ojos una eternidad,
donde también nos dimos nuestro primer beso.

Le pediré varios deseos a las estrellas,
acumularé calor para el invierno,
materializaré tu mirada
y rescataré del fondo del baúl aquellas fotos
de nuestros primeros días tonteando
cuando no éramos nada más
que el plan espontáneo de Cupido.

Querida, sé que el futuro cabe en tus ojos.
Que si te miro me convierto en niño o en adulto.
Todo depende del precio que le pongas a mi inocencia
y me despojes del pudor que más de una vez
detuvo mis sueños contigo.

Soy consciente de que tienes nombre de tormenta,
pero lo cierto es que en ningún otro sitio
he encontrado una calma tan bonita
como la que tengo cada vez que estoy a tu lado.
Es cuando descubro que mi búsqueda termina
donde comienzas tú.
Y luego ya no quiero marcharme.

CUANDO TE VI

A todo lo que tengo, réstale lo que conseguiría contigo, y eso es lo que en realidad me queda. Partiendo de que, en primer lugar, no estás aquí; y que en segundo, no piensas venir, lo que me queda en las manos me serviría únicamente para consuelo. A veces no nos quedamos con las manos vacías, pero perdemos lo que más amamos y esa sensación también es horrible. Qué quieres que te diga, a estas alturas de mi vida, seguir mirándote es rogarle al destino para que vuelva a confiar en mí. No ha sido fácil. Supongo que mi error está en querer a una sola persona. Supongo que me iría mejor si aprendo a darle un espacio en mi vida a otra chica que luche más que tú por este cariño. Un día me dijiste que lo haga sólo con quien lo merezca. Que tú no eras la indicada. No sé qué le pasa al mundo y menos a ti. No sé qué te impide pensar que lo que en realidad sucede es que tú eres la que quiero aunque no seas la indicada. En el amor no tenemos elección. Me sucedió así contigo. Cuando te vi yo ni siquiera me di cuenta, pero en mi cabeza algo me decía que eras tú. No me hice ninguna pregunta, por no querer saber la respuesta. Sólo te quise porque sonreías como quien promete quedarse en tu vida para siempre, aunque sólo fuese en forma de cicatriz. Pero yo también lo sentí. Eras tú y eso nunca he querido cambiarlo.

{Cautiva libertad}

AQUELLA REALIDAD DE LOS SUEÑOS

Es tarde. «Hasta aquí hemos llegado», me dices. Yo tampoco puedo ver más allá de un mundo al que le sobra todo si tú le faltas. Es de noche y a estas horas, cuando las luces se apagan, se encienden algunos recuerdos. Sé que te pasa lo mismo, pero eres demasiado orgullosa para admitirlo. Siempre amaste en silencio, como si exponer tu cariño fuese arriesgarlo a que otros lo usen de tiro al blanco. No te culpo. Si me lo preguntas, a mí también me da miedo querer y que todos lo sepan. Hoy en día, si demuestras que eres capaz de querer con el alma, no tardarán en hacer de ti un títere sentimental. Es este mundo al que venimos por decisiones de otros, cariño. No podemos cambiarlo, pero sí podemos cambiar nosotros. Podemos. No te diré qué, pero te aseguro que valdrá la pena. Si dejamos que el amor toque esas partes de nosotros que más escondemos, si dejamos para otro momento las dudas y nos metemos juntos ahí, en ese rincón reservado para quienes han esperado tanto por una oportunidad, y corremos bajo cualquier tormenta, cerramos los ojos al viento, abrimos las manos para encajar otras manos… ¿no sería eso maravilloso? Sé que puede darse en sueños solamente, y que las esperanzas a veces también nos dicen que existe un límite. ¿Pero sabes qué es lo mejor de los límites? Que están hechos para romperse. Si hemos llegado hasta aquí, te prometo que no vale la pena ningún retorno. Me gustan de los sueños aquella realidad en la que estamos juntos. Hoy —y esto es algo que hago siempre— me encargaré de pensar en ti antes de dormir.

{Sentimientos indelebles}

CONSTRUYO MI PROPIO INFIERNO
{Abstracta tangibilidad}

Estoy seguro de que el corazón, cuando se rompe, suena a la lluvia cayendo. Últimamente no he hecho más que imaginar que vuelves, sonríes por el tiempo que hemos pasado lejos, y decides quedarte sin rencores. Que no me odiabas, que para entonces, quienes fuimos, ni siquiera se acordaban de nosotros. Basar mi esperanza en la imaginación me está matando. Pero yo, que de la vida sólo entiendo lo que aprendí antes de conocerte, no me dispongo a diluir tu recuerdo de esta mente, en la que sin tener alas, vuelas y haces tuyo todo el espacio. Creas ecos que por la noche suenan más fuerte y me mantengo despierto durante muchas horas. Pensando. Siempre pensando. No te lo diré hoy, ni mañana, pero que sepas que las cosas que callo comienzan a arder dentro de mi boca. Al irte olvidaste decirme dónde debo tirar todos los recuerdos y la nostalgia próxima que siempre viene detrás de las despedidas. «Te quiero», dijiste. Y yo me lo creí. Me lo creí y viví convencido de que te ibas y todo sería mejor. Tu manera de querer y mi manera de creerte son demasiado peligrosas. Cuando se juntan destruyen todo lo bonito. Ayer ha llovido, quizá por eso es que te escribo esto. Cuando no estás con alguien que quieres, de pronto el cielo parece cernirse sobre ti y se desploma. A lo que voy es que ayer salí y me mojé a propósito, como sucede cada vez que recuerdo que un día te quise y voy y me construyo mi propio infierno. He pensado que el amor a veces se viste de suerte y otras de destino. No voy a engañarte, pero al conocerte también creí que podíamos llegar más lejos de todo este desastre. Hoy, sin embargo, no me quito de la mente aquella noche en la que terminamos y pude comprender que el infierno suena a ese último portazo que da esa persona, antes de irse para siempre.

OJALÁ

Ojalá fueras capaz de no morir nunca.
Ojalá vinieras cada vez que te pienso.
Si el cielo se oscurece,
a mí me entran ganas de escuchar una canción triste.
Paso varios días extrañando tu voz y tu silencio,
tus manos y tu cuello,
tu boca y aquel desierto
de besos a destiempo.
Ojalá en mis manos estuviera el poder
de cambiar las cosas,
podría mover algunos cuadros,
agrandar espacios, eternizar momentos.
Ojalá, al verte,
mis ojos pudieran tomar fotografías de tu sonrisa,
o a ti en cuerpo completo,
volvería a casa y las miraría hasta dormirme,
mientras de fondo la música de tu risa
me cuenta las historias con las que soñaba cuando era niño.
Te juro que si me miraras a los ojos lo comprenderías.
El cielo nunca me pareció tan grande
hasta que supe de tu existencia.

{Sentimientos indelebles}

LO PEOR ES LA AUSENCIA

Quizá lo peor que puede pasarte es que nunca hayas hecho locuras por alguien. Que nunca hayas sentido el frío calándote los huesos una noche cualquiera, en una cita a la que ella nunca llegó. Quizá lo peor es eso: el que nunca la hayas visto sin maquillaje en los sentimientos. Que nunca la hayas abrazado después de haberla extrañado tanto. Y si lo peor es que nunca la hayas escuchado reír hasta las lágrimas, ni que la hayas visto convertida en una niña indefensa cuando estaba triste. Que nunca hayas leído un poema y pensaras en ella para dedicárselo. Que nunca se hubiese aferrado a tu mano cuando tenía miedo.

Lo peor que puede pasarte es que nunca hayas sabido lo que se siente que te dé un beso en público, o cómo de pronto tus noches dejan de ser tan oscuras. Y si lo peor hubiese sido dejar esos caminos sin recuerdos, sin pasos ni historia. Que nunca se hayan conocido ni se hayan mirado a los ojos como queriendo descubrir los secretos del otro. Quizá lo más doloroso sea eso: el haberse dejado la piel intacta. El no poder recordar a nadie con ninguna canción. El no saber qué sigue después de un beso. Lo peor que puede pasarte es que no hayas podido amar nunca a alguien hasta el punto en que los sentidos te controlan.

Lo peor es eso: la ausencia. No hablo de la que deja alguien que se va, hablo de la peor: la que deja alguien que nunca vino, alguien que miras de lejos, con quien nunca escribiste una historia por tenerle demasiado miedo a intentarlo.

{Sentimientos indelebles}

POESÍA AL ESCOZOR

Solías preguntarte por la vida. Que adónde va, de dónde venía y por qué tenía tanta prisa. Las respuestas que ibas encontrando apenas ponían venda a tus heridas. Por qué estabas tan solo... Adónde fueron las personas que te abrazaban. Ahora vives porque nadie te dijo que hicieras algo distinto. Despiertas porque sí, sonríes porque sí, te acuestas porque todo el mundo lo hace. Y lo que haga todo el mundo está bien.

A veces lloras, te envuelves entre las sábanas, recuerdas. Te abres un poco las heridas y le echas poesía al escozor. Es como el alcohol: duele, pero cicatriza. O eso es lo que quieres creer. Afuera... Qué pasará ahí afuera. Sales todos los días pero eso no significa que conozcas todo lo que pasa. La gente te mira como un bicho raro. «Algo mal tuvieron que hacer sus padres», murmuran. La triste realidad es que lo que te hace único también te deja sin amigos. Sólo escribes. La gente piensa que está mal porque nadie te paga por escribir. Si no hay dinero de por medio, aquel oficio vale poco o nada. Es simple: tu presencia vale por los billetes que produzcas.

Por eso es que procuras esconderte, viviendo a la sombra del mundo y siendo la sombra de los que son tan distintos como tú. Alguna vez pensaste en cómo sería todo si fueses alguien diferente. Alguien que hace las cosas bien. Alguien al que simplemente le da lo mismo soñar. Al que no le importaría cambiar de trabajo teniendo un título de respaldo. Y tú... pero es que tú no naciste para eso. Algo mal tuvieron que hacer tus padres, creo que ya lo vamos entendiendo.

O quizá fuiste tú. Porque es cierto que uno es el arquitecto de su destino, pero eso no impide la existencia de quienes por una buena coima sean capaces de cambiar los planos a escondidas. Intentas armarte a partir de ese derrumbe. Y qué importa, si todos estamos un poco torcidos a fin de cuentas. La diferencia contigo es que te gusta el desorden. Eres feliz estando solo. Creces en medio de aquella inestabilidad y sonríes al pensar que todo cambiará algún día. Nada te impide ser el observador de un montón de gente a la que sólo le importa llenarse los bolsillos de aire. La poesía, mientras tanto, te sigue vendando las heridas. Y es que tarde o temprano cicatrizan. Pero eso es algo que casi nadie puede entenderlo.

{Abstracta tangibilidad}

CAMBIO RADICAL

Yo en tu lugar dejaría de esperar tanto, cerraría las persianas, le echaría llave a la puerta y me largaría de aquí para siempre. Las personas que me conocieron en su momento saben que salgo poco de casa y no notarán mi ausencia hasta dentro de un par de meses. Hasta eso habré hecho de mi vida una versión distinta a la que llevo ahora. Incluso, un nombre nuevo estaría puesto en mi DNI.

¿Sabes de lo que hablo? No de huir, sino de aceptar que estás hecho para otra cosa e ir a por ello aunque el precio sea dejar tu pasado en manos de quienes te veían como un objeto. ¿Qué ganas con leer el mismo libro tantas veces? ¿La chica a la que le escribías tanto al menos vuelve de vez en cuando a visitarte? ¿O cuando vas, te dedica tiempo? Vuelves demasiado pronto de las citas y tus amigos… ni se hable de ellos. Los que dicen serlo te envían felicitaciones de cumpleaños gracias a que Facebook se los recuerda.

Vives aquí, naciste aquí, estás aquí, pero eso no significa que aquí pertenezcas. Tú siempre has sido de los que temen que les pase muchas cosas buenas por si todo al final resulta ser un sueño. Pero lo triste es que ni siquiera te ocurren cosas buenas. Vivir despierto tanto tiempo debe ser muy cansado. Te lo digo yo, que cada vez que te miro escribir hasta tarde e imaginando tantos planes, no puedo evitar bostezar no sólo por el sueño que me causas, sino por tu maldita ingenuidad al pensar que aún hay cosas por las que luchar en este mundo que tú mismo te has creado. Vives una historia de libros y canciones, de promesas por cumplir, de detalles que nunca haces.

¿Hace cuánto que nadie te abraza como si intentase armarte desde abajo? ¿Aún recuerdas el sabor de los labios de una mujer que te ama? Cuántos atardeceres has perdido por mirar en la dirección equivocada. Cuántos años viviendo bajo la sombra del mismo árbol. ¿Has llegado a hacer lo que soñabas hacer a los dieciocho? ¿Te gusta realmente estar solo o lo dices únicamente para dotarte de un aura bohémica que nunca tuviste? No es necesario que respondas. Sé que pensar en todo esto te alarga las horas de la noche. Y que solemos callar porque pensar en voz alta hace que nos sintamos incómodos con nuestras propias verdades. Pero ojalá. Ojalá que te animes y rompas tu burbuja. Este mundo no es todo lo que existe.

{Cautiva libertad}

DONDE HABITA LA NOSTALGIA

Ayer te vi.
Allá, donde habita la nostalgia.
Te vi y sonreíste,
como si supieras lo mucho que te había esperado.
Parecía todo de otra época,
yo me veía diferente
y tú tampoco eras la misma,
pero ambos sabíamos quiénes éramos.
Y te abracé.
Vaya...
Te abracé y abracé contigo la esperanza.
Al amor y a ti los sentí al mismo tiempo.
Sí, fue un sueño.
Y antes de abrir los ojos sabía que te había perdido.
Incluso, mientras te abrazaba,
sabía que en realidad estaba solo.
Pero te sentí y eso no me lo quita nadie.
Te sentí y aquel calor me arrebató el frío.
De golpe.
Suave y cálido.
Como cada noche
cuando pienso en ti
y recuerdo que tú sigues viviendo lejos
en ese sitio adonde no llegan mis brazos,
allá, donde habita la nostalgia.
Y donde nosotros no somos los de ahora.

{Sentimientos indelebles}

OLVIDARTE SÍ QUE ES IMPOSIBLE

A mí también me cabe un incendio en el pecho,
si te extraño tanto
que luego las palabras vuelan de mi boca
y ni siquiera mis manos las detienen
para escribirte de nuevo.

No soy de detalles,
ese ademán lo perdí hace varios años.
No soy caballeroso y los modales
hoy me resultan una canción
que alguna vez estuvo de moda
en mi propio mundo.

He venido para que sepas que aún permanezco.
Que estoy en la cuerda floja, debatiéndome
entre volver a verte y esperar a verte volver.

Si te odio, no me culpes.
Llevo tanto tiempo odiándome a mí mismo
para que el cariño que te ofrezco
no sea tan sucio como el deseo que tengo
de volar a los brazos de cualquiera
si los tuyos se olvidan de amortiguarme la caída.
Hace tiempo que mi piel ha perdido la memoria.
Mis brazos, cuando encierran a otra chica,
sienten despertar de su letargo,
y vuelven a dormirse
al comprobar que ese perfume no es el tuyo,
ni esa piel la que te pertenece,
ni la voz la que salía de tu boca,
ni el beso de despedida que sólo tú me dabas.

He de decirte que ya no te espero,
pero que aún no supero el haber visto que te marchas.
No me has dejado vacío, sino confundido
y la confusión puede hacerte olvidar que tienes algo
y eso te vuelve alguien con las manos tristes, sin nada.

Casi puedo decir que es lo mismo.
Pero el proceso es más lento
y más doloroso.

A esta y otras tristezas les puse tu nombre.
A veces, cuando salgo,
puedo sentir sobre mí las miradas subterfugias
de cuantos recuerdos
que me asaltan en cada esquina.
Porque ahí donde mis pasos me llevan,
siempre me encuentro una historia que dejamos a medias,
siempre un retroceso, un tirón atrás,
al borde del precipicio.
Caer es un verbo sin dolor
cuando el lugar del que caigo no es tu cuerpo.
Pero hoy no estoy seguro.

Olvidarte.
Olvidarte sí que es imposible.

No fuiste ni serás perfecta,
no viniste ni te fuiste a tiempo,
sólo fuiste parte de una casualidad
que resultó doler demasiado.

{Cautiva libertad}

NUNCA TE DEJES ENGAÑAR

{Débil fortaleza}

Tu nombre. Tu nombre y el mío forman el título de una historia que aún no se escribe. Aquella vez estabas preciosa, y yo seguía siendo el mismo tonto de siempre que nunca encontraba palabras para hablarte. Me quedé mirándote de lejos, imaginando que la felicidad debe ser algo muy parecido a encontrar la belleza en tu silencio. Comencé a quererte sin querer, con aquella inercia que tenemos los que no sabemos contradecir a las ilusiones. A mí, quererte siempre me ha parecido el camino correcto que seguir por si algún día me pierdo. A veces estás y entonces no tengo que seguir buscando. Dejo que tu casualidad me envuelva, me arrope, me quite el frío de encima, me haga dormir en sus brazos. Te juro que la única paz que vale la pena es aquella que está a un par de centímetros de tu sonrisa. Lo que quiere decir que yo aún permanezco en guerra. Y es que he soñado varias veces con ese momento. Con que no hace falta soñar para que estés, con que soñar es sinónimo de estar despierto a tu lado. Pero tú sólo vives y tu mundo se reduce a todo aquello que no tiene nada que ver conmigo. Un día te pones guapa, sales de casa y el cielo se despeja. Caminas y el tráfico se detiene para dejarte pasar. Vas por ahí, creando y matando la ilusión a quienes te miran con la esperanza de que les cambies la vida. Y te odian, mientras yo te quiero. Mientras mi vida cambia al compás del eco que dejan tus zapatos en la acera al alejarse. Y es que no hace falta decir que hieres para que sepas lo que dueles. Algún día ellos recordarán que, por ahí donde te vieron, cambiaste un poquito el orden de las cosas. Mientras tanto, que te odien, que te celen y te envidien; que te sueñen y te eviten. Y nunca te dejes engañar: la decisión más sensata es volverse loco por ti.

ERES UN MILAGRO

«Te he visto desfilar con el viento.
Te he visto morir con el día.
Eres esa estrella que concede deseos sin ser fugaz.
Dura como el diamante, cruel
y dolorosa como una ausencia que pesa
tan adentro, tan cerca; que se siente lejos y distante.
Odias lo monocromático,
y te desnudas si el cielo te arroja
siete arcoíris para besarte en la boca.

No eres magia, eres un milagro.
La magia tiene su truco
y la ilusión tarde o temprano termina;
el milagro es incomprensible, desafiante,
y es cuando crees estar comprendiendo todo,
que la ilusión apenas comienza».

Así te vi hace algún tiempo;
la contradicción enérgica a la calma.
Porque, ¿qué sentido habría tenido, cariño,
quedarse quieto cuando aparecías?
Si tú eras precisamente la base de la locura.

Al tocarte mis manos temblaban,
mi piel te cedía un espacio secreto en mi vida,
como encerrándote despacio,
diciéndote que a ti te entregaba
la capacidad absoluta de hacerme daño.

Por ti he coleccionado mis cicatrices
y hoy ya casi lleno el álbum.

Me he quedado solo y aún no me acostumbro.
No hay nada peor que sentirse perdido
entre un montón de gente
a la que conoces perfectamente.
La soledad es un fracaso si no eres feliz en ella.

Así que te extraño cada vez que no hay nadie,
te busco entre las grietas de este corazón en carne viva;
escribo hasta tarde, te dedico indirectamente mi tiempo,
mis ganas, mis fuerzas.

Es que nadie me dijo nunca
que quererte tenía efectos colaterales,
que tu boca era el alucinógeno más peligroso del mundo,
que si entrabas, aunque te fueras, nunca salías;
que enhebrar mis posibilidades con tu vida
era otra forma de perder la mía.

No olvides que te quiero.
O no.
Más bien, que te necesito.
Porque eres una necesidad más que un placer.
Un vicio condenatorio, insaciable.

Y regresa, por favor.
Todavía tengo varias partes del alma
ilesas.

{Cautiva libertad}

EL AMOR ESTÁ AQUÍ

El amor es que se quede sin que se lo pidas. Que ame tus cicatrices y no te reproche los errores. El amor es que ella entienda que eres hombre y que también lloras; que se te hace difícil cumplir con las expectativas sociales que, en la mayoría de los casos, no dejan que seas tú mismo. El amor es que te acepte lleno de defectos y te enseñe a ser mejor persona. Que se le acabe el orgullo cuando la distancia sobre. Que acepte tus detalles. Que quiera pasar más tiempo contigo y hable tanto de ti hasta el punto que sus amigas comienzan a llamarla por tu nombre. El amor está ahí, en su sonrisa correspondiendo tus «te quiero», en sus manos acariciando tu cara y mirándote a los ojos cuando estás triste. El amor está en ese silencio que te acompaña cuando fracasas en algo y ella está ahí para sobrellevarlo contigo, como diciéndote que no estás solo, que pase lo que pase, si están juntos, nada podrá contra ustedes. El amor está aquí, incluso, cuando has leído todo esto y sabes perfectamente que estoy hablando de ella.

{Débil fortaleza}

UN ACTO DE VALENTÍA

Y también esa sensación dolorosa de ver a alguien con quien sabes de sobra que no pasará nada. La ruptura de la ilusión, del ideal, de los planes que revestiste de las mentiras que te contaste hasta creértelas. Amarse a uno mismo nunca fue tan fácil hasta que alguien te enseñó a hacerlo. Pero qué pasa si esa persona se va, o si nunca vino con las intenciones que esperabas. Qué pasa si todo el amor propio se marcha entre aquellas manos que durante mucho tiempo lo sostuvieron. Se crea un vacío. Comienzas a vivir de puertas para adentro, de vistas al pasado. Te buscas en las promesas y no te encuentras. Entonces la ves de lejos, mientras ella aprende a ser feliz sin estar a tu lado, sin haberte enseñado nunca el camino de regreso. Finges estar bien. Los días comienzan a pasar tan lento que te desesperas. Algún día aprenderás que no se puede retener a alguien si en sus planes no hay espacio para ti. Algún día vas a verla y no te dolerá como ahora, no causará el mismo efecto, no va a alborotarte la tranquilidad. Pero hoy no es ese día. Ni mañana.

Resignarse a una persona es el acto de valentía más grande que se puede hacer por amor. Por amor propio. Y entonces comienzas a odiarte con todas tus fuerzas.

{Cautiva libertad}

SE LO ADVIRTIERON

{Cautiva libertad}

Se está ahogando. En su interior se ha desatado una guerra entre lo que ha sido y lo que es ahora. Supongo que al finalizar el día se esconde en alguna parte de los libros que hay en su habitación. No duerme bien, come poco, procura no darse cuenta de lo largos que son los días y de lo aparentemente rápido que pasan. No se tiene mucha paciencia y tampoco muchos amigos. Los que tiene le hacen dudar de todo en lo que confía. Saben que su debilidad es una persona y que el simple hecho de mencionarla hace que su sonrisa aparezca o se esfume a voluntad. Él trata de verlo todo de una manera más bonita y menos cruel, pero dentro de sí sabe perfectamente que eso nunca le ha servido de nada. De qué le sirve mirar la vida desde un ángulo distinto si ella le sigue golpeando en el mismo lugar de siempre. Y procura desviar sus pensamientos con la ayuda de aquellas canciones que juró no escuchar jamás, sin saber que estaban hablando de él todo este tiempo. De cómo uno puede convertirse en el hazmerreír favorito del amor, de lo fácil que es quedarse solo por ser sincero, de cuán necesario resulta neutralizar los sentidos de vez en cuando para no ser conscientes del momento en que todo se derrumba. Él cree poder manejar todo este mal asunto, pero no se ha puesto a pensar que este asunto lo tiene a él justo en el lugar donde lo quiere, y que ha venido manejándolo como un títere dócil todos estos años. Dice no necesitar a nadie, pero cuando cierra los ojos, en su mente aparece una persona que tiene nombre y apellido. Esa persona sobre cuya sonrisa reposan las últimas esperanzas que le quedan, las mismas que decidirán el resultado de esa guerra que hay en su interior y que lleva durando demasiado tiempo. Pero se lo advirtieron y él no puede decir lo contrario. No. No puede decir lo contrario.

TAN INEVITABLE COMO INTENCIONAL

Elegí mirarte después de verte.
Me propuse enamorar tus miedos y quitártelos.
Concedí mi valor a la muerte,
abracé a la esperanza con mi vida.
Te puse por nombre poesía:
«La chica de la catástrofe preciosa».

Lo nuestro fue un ápice de esperanza.
Viajé miles kilómetros cuando te miré a los ojos.
Contestaste mis dudas, canalizaste mi emoción.
Me abrazaste como sólo abrazan las tormentas:
haciéndome daño, pero sin dejar de ser hermosa.

Te quise aun sabiendo las consecuencias,
así que eres mi acto de valentía más grande.

Eres tan imposible como deseable,
un anacronismo sentimental:
un puñado de sal en la herida.

Escribo esto con un nudo en la garganta.
No de esos que dan ganas de llorar,
sino de aquellos otros
que dan ganas de morirse.

Me he enamorado
como juré no hacerlo nunca.
Y sinceramente,
eres lo peor
que siempre quise que me pasara.

Me enamoras con esa sonrisa que destroza,
que pasa de largo,
que se detiene en quién sabe dónde,
pero que nunca sale de mi mente.

Me enamoras con tu ausencia tan presente,
tan mía y ajena, tan tuya e impropia.

Me enamora tu
«me voy cuando se me da la gana»
y me abro más la herida con mi
«te seguiré adonde vayas».

No sé si quererte es lo que hago,
o si incluso lo que no hago
me lleva a quererte.
Sólo sé que estoy a un salto de distancia
del suicidio más bonito del mundo.

Y tienes que saberlo:
Lo nuestro es tan involuntario
como intencional.

Me enamoras y es inevitable.
Aunque no quieras
y aunque yo no quiera querer.

{Sentimientos indelebles}

UN TÍTERE CON TENDENCIA SUICIDA

Te he besado más veces estando lejos
que teniéndote cerca.

Si me faltas, todo este sentimiento se desborda.
Te abrazo fuerte la sombra
y me desvanezco en un rincón
mientras no me miras.

¿En quién te conviertes, cariño,
cuando el amor nos pierde de vista?

Nunca supe entender del todo
la relación que había entre quererte
y tener un poco de tu atención por la mañana,
tu ilusión por la tarde y tu desinterés por la noche.

Amor, si te callas luego yo no me escucho;
me ato las manos y me araño
varias veces la misma herida.
Debes pensar que estoy loco, pero soy poeta,
no creo que haya otra explicación.

Soy poeta y puedo ver el vacío que dejas
cuando sonríes y no es por mí,
puedo oírte tararear una canción a solas,
pensando en cuantos chicos
que no tienen mi nombre, ni mis ojos
y que no saben qué música pones cuando lees,
ni cuántas veces te equivocaste de camino
por creer que era el correcto.

Debes saber que esperar a que vuelvas
sin que te hayas ido
es lo mismo que mirar a la soledad a los ojos
e intentar reír sin ganas, sin esperanza...
sin ti.

A ver cómo me enseñas a desenamorarme
de tu forma de hacerme daño,
de esta ilusión de pesadilla que, a diario,
me dice que entre tú y yo
aún puede haber algo bonito.

Yo te quiero.
Y aunque sé que nunca sentirás lo mismo,
aquí me tienes:
un títere con esa tendencia suicida
de saber que de ti sólo obtendrá
balazos en el alma
y que aun así sonríe y se deja llevar
para recibir los impactos
con los brazos abiertos.

{Cautiva libertad}

QUÉDATE

He soñado contigo y de nuevo ha sido hermoso. Llevo varios días así, haciendo como que no me importa que al despertar nada de lo que sueño se cumpla. Tú no lo sabes, pero la realidad se convierte en un túnel oscuro y frío si no te encuentro. Las veces que me has visto a los ojos he tratado de sonreír sin fuerzas, pero nada te he dicho del montón de esperanzas que asesino por las noches, de mi miedo a que un día no sólo no pueda soñarte, sino que además te hayas ido sin decirlo dispuesta a no regresar nunca. Ese es el mayor dolor que puedes causarle a alguien que sólo buscaba hacerte feliz a su lado. El peor.

Ahora estoy escribiendo esto esperando que, al leerlo, entiendas que todas mis palabras salen de aquel silencio que aparece cuando me preguntas si me pasa algo. Yo siempre te digo que no, que está todo bien si tú estás bien, que lo que me ocurre no tiene importancia y que el que estés es suficiente. Algo de verdad tiene todo eso, pero lo que callo siempre será más urgente y real que lo que digo. Sólo te sueño y con eso me conformo, porque ahí no siempre eres perfecta y, luego de pasar por tantos tropiezos, hasta que me hieras en mi propio sueño me parece hermoso. Quédate. A ver si con suerte, la realidad cambia un poquito con tu presencia.

{Sentimientos indelebles}

SE FUE SIN SABERLO

Ojalá ella hubiese sabido que al pasar
arrastró consigo mi mirada.
Resultó ser fugaz, una conquista transitoria,
tan linda como inolvidable.

No se le ocurrió quedarse.
Eso no es algo que me sorprenda.
Me dio gusto saber que el amor
también camina en dos piernas.

La consecuencia de tanta ilusión
y de tantos otros estragos emocionales
es pensar que eres lo suficientemente valioso
como para que una mujer como ella
hiciera que dejaras de tener miedo de ti mismo
quedándose.

Yo nunca he sido de los que
se lanzan a manos del azar,
pero por ella hubiese hecho
cábala el resto de mi vida
para sobornar al destino y pedirle
que sólo por esta vez
no sea tan cruel conmigo.

Hubiese ordenado los horarios de mi rutina
para llenarlos todos de citas con ella;
hubiese pasado días enteros
disfrutando su manera
de matar mi soledad con su sonrisa.

El tiempo no me dio para más, sin embargo.
Cuando la vi mi imaginación saltó de golpe.
Ni siquiera me quedé a verla pasar del todo,
sólo sé que se llevó en su cartera
una milésima parte de mi tiempo;
y que ahora, aquellos segundos,
por muy cortos que fueran,
me harán falta por el resto de mi vida.

Como ella,
como su cuerpo entre mis brazos,
sus manos en las mías;
como sus malos y buenos ratos,
su mal humor y su feminidad,
su estrecha relación con lo sentimental
en el futuro que soñé al ver sus ojos.

El mismo futuro que duró lo que ella tardó en cruzar;
que ahora no está, y que aun así no se ha ido,
que dejó tras de sí una estela de esperanza,
un atardecer a solas, un mundo hecho pedazos.

Pero ella se fue.
Sin saber del caos que provocó al pasar a mi lado,
sin saber de las cosas que hubiese hecho por ella,
y sin saber que me cambió la vida
con el simple hecho de mirarla.

{Sentimientos indelebles}

MI VACÍO TE PERTENECE

Me falta amor para aceptar que no vuelves.
Para comprobar por fin que la luz de la luna
es la misma aunque te hayas ido.

Me falta amor dentro de esta taza de café
que voy terminando a sorbos mientras recuerdo
cuando la tomábamos juntos.

Hace falta valentía para enfrentarme a la realidad
en la que tú existes sin mí.
En la que tú y yo no somos nosotros
y vamos por separado
a buscar nuestro lugar en el mundo.

Antes hubiera deseado nunca haberte conocido
y hoy sólo me resigno
y deseo que nunca más vuelvas a cruzarte.
Que aunque se me quede la sensación de pérdida,
sea capaz de levantarme sobre los pies
y caminar por nuestros lugares sin recordar nada
y salir vivo en el intento.

Que si tengo que soportar algún dolor
no sea el que siento en la garganta
cada vez que el recuerdo se atora y me asfixia
y no vuelvo a mirar al resto con los ojos de siempre.
Me hace falta reconocer que cometí errores,
que querer hacer las cosas bien no siempre funciona.
Que debí dejarme de rosas y romances,
que tú no estabas para sentimentalismos.

Hoy me ves inventando finales felices
a la historia que tú y yo nunca terminamos de escribir,
y mientras pienso que el amor debió inventarlo alguien
que no sabía muy bien lo que estaba haciendo.

Qué se hace cuando ves en alguien
todo lo que nadie vio en ti.
La misma cuestión con tantas respuestas
y ninguna es suficiente.

Que te supere, me dicen.
Que te olvide,
que me vaya con otra,
que mujeres sobran.
Nadie entiende que el vacío de mi pecho
está amoldado a tus formas,
que ninguna otra más encaja ahí,
que hiciste tuyo el espacio y los ecos,
y que dejaste tus pertenencias a propósito.

No es el problema quedarme solo,
el problema es quedarme sin ti.
Que no es lo mismo, porque es peor.

Qué más quisiera yo que poder levantarme un día
y tener la certeza de que ya no me haces falta.
Que, al mirar alrededor, no haya nada tuyo
que me envíe saludos desde el pasado.
Qué más quisiera, amor, que encerrarte
en mi más completa indiferencia.
Qué más quisiera.
Pero te quiero más a ti.

{Cautiva libertad}

MI TORMENTA FAVORITA

He salido de casa para no recordarte y me llueves encima.
Había olvidado cuánto duele
el silencio que no se comparte.
Me he visto con otras chicas y ni siquiera ellas
entienden el significado de ciertas palabras.
Te extraño incluso en los momentos más absurdos.
Cuando miro al cielo
la vida cobra por un momento
ese sentido que le diste.
Esto es lo que hay:
ruido,
ruido
y más ruido.
La soledad es una canción que no quiero aprenderme.
Mi vida sin ti es una película en blanco y negro.
Y ojalá te acabes pronto.
Y dejes en paz este silencio que siempre me rechaza.
Vete con las gotas de esta lluvia que provocas,
pero llévame contigo
y olvida mi rostro dentro de la boca de otro.
A mi pesar tengo que decirte que no te busco un reemplazo.
Yo seguiré ahorcándome de vez en cuando
con las palabras que me dijiste.
Te quiero y te odio.
Piérdete y encuéntrame en el camino.
Rescátame y vuelve a lanzarme al abismo.
Abre mis heridas y cuídame.
Eres mi tormenta favorita.

{Sentimientos indelebles}

EL AMOR TAMBIÉN TE MATA UN POCO

Siempre han dicho que cada quien es libre de elegir la persona por la que enamorarse perdidamente, pero nada dicen de lo que se debe hacer en el caso de que esa persona elija a otra, o que simplemente no te elija a ti. Nada te dicen de dónde encontrar los colores que se van cuando la soledad llega.

¿Sabes lo que quiero decirte? Que me he acostumbrado a recordar por los dos los detalles que te olvidas sobre nosotros. Que tu falta de tiempo muerde y que a veces me sobra la esperanza cuando me miro al espejo y digo que aún me quieres. Sólo a mí se me ocurre que las mentiras son alicientes.

Te he querido de esa forma que no tiene mucho sentido. Quizá demasiado pero nunca lo suficiente. No espero que lo entiendas, si nunca entendiste el dolor que es saber que no quieres que me vaya y al mismo tiempo ignorar para qué me guardas. De qué sirve escalar una montaña sabiendo que allá arriba nadie te está esperando. De qué sirve soportar tantas balas por una persona si al final descubres que fue ella quien siempre había estado apretando el gatillo. Te lo digo yo: no sirve para nada. O bueno, sólo para darte cuenta de que todo el amor que tenías para alguien debiste ahogarlo a la primera duda.

¿Sabes qué es lo más triste de estar mal? Que la mayoría de veces sabemos qué hay que hacer para dejar de estarlo y no lo hacemos. Y ese soy yo. El que te escribe como guardando en cada línea una historia de la que ya no quiere acordarse. Y todo lo hago por ti. Escribo más de desamor que de cualquier otra cosa para que, si algún día alguien decide enamorarse, no diga que nunca fue advertido de las consecuencias.

Que mi vida y la tuya le sirvan de ejemplo para ver que no es cierto que el amor siempre gana. Que el amor también te mata un poco. Que te extirpa las ilusiones sin piedad ni anestesia y luego te obliga a sonreírle mirándolo directamente a los ojos. Te quiero aun si no me das tanta importancia como para recordar aunque sea un poco las confidencias que me cuestan entregarte. Yo ya no te elijo para nada, aunque te siga necesitando para todo, mientras me dedico a arrojar mis sonrisas a ese mar de dudas que siempre me estuvo esperando. ¿Lo entiendes? Mis sonrisas. Esas mismas que nunca aprendieron a nadar.

{Cautiva libertad}

LA POESÍA ESTABA EN UNA PERSONA

A veces también se quedaba callada y su silencio se convertía en un idioma que sólo ella y yo entendíamos. El verla mirar, sonreír, esbozar gestos y ademanes inconscientes era una razón para estar agradecido. Nadie dijo nunca que dos personas se entienden más cuando callan que cuando hablan. Quizá no lo dijeron porque sabían que aquella magia sólo ocurría una vez en la vida y que, una vez descubierto el secreto, aquel instante huye de nosotros hasta convertirse en recuerdo. Nada nos dijeron de que cuando dos personas se encuentran con la mirada en mitad de un caos horrible, se crea una extraña calma. Esa sensación que despierta en ti partes que no sabías que tenías dormidas. Y entonces lo comprendes: que las palabras no es que sobren, sino que a veces simplemente no hacen falta para describir nada. Que el momento en que todo se da es único. Que la poesía (y hablo de la verdadera) no estaba en ningún libro; que todo este tiempo había estado en una persona. Que quedarse callado es otra forma de gritar que nunca antes habías sido tan feliz en toda tu vida.

{Débil fortaleza}

QUÉ HARÉ CON ESTE AMOR

Te busco y a veces ni eso me basta.
No soy yo si no te pienso.
No eres tú si no me hieres.

Vamos a ponerlo de esta forma:
yo me ahorco,
pero tú eres la cuerda.

Así es este ritmo sentimental
que gira en torno a un par de locos:
uno con miedo a querer demasiado
y otro desgarrado por no ser correspondido.

Adivina en qué lugar estoy yo.
Yo estoy contigo
y tú con nadie.

Me robo tu imagen y la memorizo a escondidas.
Le recito poemas a tu foto,
le canto canciones a tu nombre.
Vivo tan solo que ni siquiera
el espejo me devuelve mi rostro.

A veces escucho voces que me gritan por las noches:
«¡Ve por ella!»
«¡Búscala!»
«¡Dile que la quieres!»
«No es tan difícil».

Ojalá todo fuera tan fácil como en nuestra mente.

De desearte he pasado a necesitarte
y viceversa.

Menos mal que nadie me escucha cuando te pienso.
Así el secreto queda entre yo y mi cabeza.
¿Sabes cómo es hablar contigo mismo
de cosas que nadie más entendería?
Una locura.
Ya ves a los esquizofrénicos: no están mal,
es sólo que no se dejan entender.

Créeme, sé de lo que hablo.
O mejor no,
porque no sé de lo que hablo,
sólo sé que estas palabras me revolotean adentro,
destiñen mi visión de las cosas;
no me dejan tranquilo si no me las quito del alma.

Todas ellas hablan de ti,
que eres algo que no entiendo.
Por eso escribo,
porque si hablo en voz alta
de este secreto de quererte
me señalarían y se reirían en la cara
de este soñador de imposibles.

Qué pesar es saber que, mientras más te quiero,
más te alejas.

No sé si es miedo, repulsión u odio,
pero veo que te marchas cada vez más lejos
siempre que te recuerdo que te quiero
y que los poemas que escribo son más tuyos que míos.

Hablar sobre cosas que no entiendes
produce inestabilidad en tu mundo.
Yo de quererte sólo entiendo
que debo hacerlo con fuerza,
con esa pasión que no debe acabarse
ni con las horas, ni con los días, ni con nada.

Soy ese que recibe con los brazos abiertos el abismo
cuando sabe que perdió de vista la cima hace tiempo.

Quererte es una enfermedad
de esas para las que no hay cura.
Y si la hubiera tampoco la querría.

Pero te vas y yo no sé mentirme.
Al final del camino hay otro
que tampoco voy a recorrer contigo.

Y qué haré mientras tanto.

Qué haré con este amor
si no vuelves.

{Cautiva libertad}

RASTROS DISCORDANTES

La distancia ha hecho lo suyo y nosotros no hemos luchado lo suficiente. Veo atrás y noto rastros discordantes, como rutas aleatorias. Lo que ahora queda en ellas son las huellas de nosotros cuando éramos valientes. ¿Recuerdas esa sensación de ser pronósticos predilectos del amor? Siempre llegábamos antes de la hora indicada. Recorríamos las calles como quien tiene la seguridad de que alguien le está esperando adonde se dirige. Y claro, éramos nosotros y nuestras ganas de llenarnos de tanta felicidad, que en nuestras vidas no hubiera espacio para el invierno. Era una vida de película, de momentos que hoy permanecen fotografiados en la memoria. No voy a mentirte, contigo fui feliz. Feliz que se dice, haber logrado olvidar la tristeza en tus brazos. ¿Qué ha sido de tu vida? De la mía te diré que no me permito soñar como antes. No estoy triste, ni dolido, sólo me resigno a entender que ahora estamos únicamente dentro de aquellas promesas que rompimos.

{Sentimientos indelebles}

EL EPICENTRO DE TU CAPRICHO
{Cautiva libertad}

En la calle llueve y yo no he aprendido aún a vestir mi miedo de razones. Sin ti el invierno se alarga, se parten en dos las felicidades ajenas, al sol se le olvida salir cuando le toca. Líbrame de este banal esfuerzo por retroalimentar mis ganas de ser feliz contigo. Me parece absurdo guardar fuerzas para hacer realidad un sueño en el que sé que no vas a estar tú. Pero es que procrastino mis prioridades y el resultado es el que ves delante de ti cuando me preguntas si estoy bien y yo me quedo callado. Estoy bien, pero estaría mejor si me abrazas. Estoy bien, pero no estaría de más que al destino se le ocurriera juntarnos, darnos una oportunidad aunque sea de esas que se dan por lástima. Ya me conoces, últimamente me he puesto a pensar demasiado en las cosas que no tienen futuro. Todo lo relacionado a ti me emociona, me convierte en un títere al que le mutilan la capacidad de pensar por sí mismo. Crear poemas se ve como algo bonito, pero se vuelve triste cuando descubres que la palabra «amor» puede escribirse en la misma línea que «imposible». Me llueve adentro, así como ahora llueve en las calles. Ha habido temblor en la ciudad, pero a ningún sismólogo se le ha ocurrido señalar tu nombre como la causa. Y no los culpo, si es a mí al que vienes cuando se te da la gana y me conviertes en el epicentro de tu capricho. Al final termino con algunos edificios en ruinas, los destrozos clavados en la sonrisa con la que le miento a todo el mundo. Pero tengo que admitir que aún espero que ocurras algún día. Aún espero que me digas lo equivocada que estabas todo este tiempo, que quieres recuperar los días perdidos, que quieres saber cómo se ven los paisajes a mi lado. Soy de los que no aprenden a la primera lección, será por eso que estoy guardando las mejores vistas para ti, por si acaso.

UNA CASUALIDAD NO TAN CASUAL

La conocí por casualidad cuando me habló en mitad de la calle. A mí, a un completo desconocido, al que le sirven en bandeja de plata las ilusiones que va a tragarse. Siempre he pensado que las casualidades esconden algo de intención, así que cuando la vi intenté descifrar en sus ojos alguna señal o uno que otro indicio de lo que quería en verdad conmigo. La escuché. Su voz sonaba a todas mis canciones favoritas. Y al mirar su boca yo imaginaba entonces estar aprendiéndome los acordes que harían sonar su risa. «¿Cómo reirán los ángeles? —no dejaba de preguntarme—. Tengo ganas de averiguarlo». Y entonces caminamos, como si fuésemos esos amigos que se reencuentran después de haberse separado durante un tiempo. Cancelé mis planes con otras personas, conocí varias calles de camino a su casa. Le hablé de tantas cosas que tenían que ver con la poesía y entonces esbozó una sonrisa. Al verla así lo supe. Supe que iba a enamorarme de aquel eclipse que le nacía en la boca cada vez que lo mirase. Supe que el amor se escondía en sus manos y en su voz, y que todo este tiempo había estado buscando en el lugar equivocado. Quedamos en vernos otro día y, cuando miré al cielo, por primera vez sentí que me estaba sonriendo. Fue entonces cuando entendí que las casualidades también son destinos. Y que nuestro destino fue encontrarnos por casualidad.

{Abstracta tangibilidad}

UN PRIVILEGIO SECRETO
{Débil fortaleza}

Sé que duermes. Que estás cansada. Sé que no leerás esto en cuanto termine de escribirlo y te lo envíe, pero te quiero decir que me importas. O recordártelo, mejor dicho. Oye, que formar parte de las cinco personas que más te quieren es el regalo más hermoso que tengo. Sé que no soy la mejor persona del mundo, ni el mejor chico que conoces, pero me lo creo si me lo dices. Y me lo has dicho, así que todos pueden envidiarme si quieren. Que me envidien porque me quieres. Sé que vas a despertar temprano porque el trabajo reclama tu tiempo, así que te digo buenos días desde ya, mientras escribo dándole cuerda a mi insomnio y manteniendo esta rara costumbre de ponerle letras a lo que pienso. Hace tiempo que no habíamos hablado y ya me hacía falta. Me hacías falta tú y tu voz. Escucharte durante unos segundos es suficiente combustible para poner en marcha mi ilusión contigo durante horas, así que mientras tú duermes y sueñas con lo que sea que no tenga que ver con este poeta cursi, yo escribo y limpio las cristaleras de mi corazón, para que cuando quieras venir a visitar tu cariño, lo encuentres todo ordenado, como lo dejaste, o aún mejor.

Te quiero. Ojalá no lo olvides. Y si lo haces, no te preocupes, que yo estaré aquí para recordártelo. Y sonríe siempre, donde sea. Ya no me importa que otros te vean y se enamoren, porque he comprendido que tu belleza no puede esconderse ni aunque lo intentes. Quien te vea y piense que eres la chica más linda que ha visto en toda su vida, estará en lo cierto. Ese es un privilegio secreto que he decidido compartir sin recelo con el mundo, porque sé que no podrán tenerte como yo tengo tu cariño. Y esa es mi fortuna: el que me quieras y me lo digas. El que seas tú misma. El que brilles en todas partes...

TE HICE MÍA

Te quedas callada, y entonces siento que me acaricias con la mirada, con esa profundidad de un océano cuyo interior es un remolino enmascarado por una superficie en calma. Despiertas en mí luces dormidas. Plantas jardines con una eterna primavera. Me elevas hasta las nubes, me acompañas un momento, vuelas conmigo.

Escribir hace que te dibuje como yo quiera. Que te quedes aunque nunca hayas llegado, que permanezcas aunque luego te vayas, que me quieras como no lo has hecho todavía. Sabes también que es otra forma de esconder mis propios defectos, o presentártelos de una manera más bonita. Porque soy bueno para crear situaciones pero no para asumirlas. Por eso escribo, porque en mi mente todo es posible, porque escribir me convierte en poeta, pero la poesía siempre has sido tú antes de mí. Yo nunca te hice poesía, yo sólo escribí lo que ya estaba viendo y después te convertí en mi musa.

Te hice mía. Pero un «mía» que no tiene nada que ver con la posesión. Un mía de compartirte conmigo, sin que dejes de ser tuya. Un mía de puertas para afuera, pero de poemas hacia dentro. Un mía que hace que me entregue en versos y playas, en sueños y desiertos. Un mía que me dice que nunca me alcanzará el tiempo para escribir todo lo que me inspiras. Sólo me queda esto y tú, que eres más de lo que un triste individuo como yo puede desear para ser feliz. Te quiero y ojalá aquello sea suficiente. Suficiente para que sea recíproco. Suficiente para escribirte. Suficiente para que sonrías cuando te lo diga.

{Débil fortaleza}

LO ÚNICO REAL QUE ME QUEDA

Tengo un montón de pájaros en la cabeza y lo peor es que no son imaginarios. Los veo, revolotean por todas partes. Hoy tampoco he dormido bien, será por eso las alucinaciones. También escucho voces; unas me adulan, otras se burlan. Sus risas son sarcásticas. A veces también me dicen que todo volverá a ser como antes. No lo entiendo. Yo no sé cómo era todo antes, la memoria es para mí eso que dejo donde sea y que jamás vuelvo a buscar. Dejé una carta de despedida en mi habitación por si al salir decido ya no volver. No tengo nada que dejarle a nadie. Ni dinero, ni raíces ni futuro. Tal vez por ahí, un par de sueños con grietas en el alma, pero nada envidiable. Hoy las calles son un espejismo, mis recuerdos me parecen una historia que alguien me contó sin saber muy bien de lo que hablaba. Al mirar hacia adelante sólo encuentro promesas vacías, cobardes, planos de una construcción olvidada. Ya recuerdo cómo se siente que te abracen como si intentasen reconstruirte por dentro. La soledad me asfixia. Es la amante más cruel de la historia, aunque es cierto que he vuelto a ella más veces de las que me he ido. Quizá el problema esté en mí, en mi tendencia a herirme y encontrar placer en el daño. En mi decisión de esconderme y esperar a que alguien me busque, o al menos que note mi ausencia. Pero nadie ha venido y por eso he decidido olvidar lo que no conviene. Me quedo con esta realidad en la que me tengo únicamente a mí y donde todo lo demás es un precipicio al vacío. Vuelve a ser dañino, pero es lo único real que me queda.

{Cautiva libertad}

PERDERME EN TI Y ENCONTRARME CONTIGO

He vuelto con más sed de tu boca que de venganza,
el atardecer ha eclipsado mis intenciones y ahora,
viéndote así, con esa sonrisa estrella de la noche,
no puedo evitar pensar que Cupido ha estado
todo este tiempo apuntando al lado incorrecto.

Estoy aquí, me ves,
con las manos y la vida
envueltas en ganas y promesas.

He regresado por el camino más largo
para tener más tiempo de pensar en cómo acabar contigo,
pero ahora lo que menos quiero es comenzar sin ti
este camino que tu sonrisa me ha puesto por delante.

El sol le ha devuelto los colores a la ciudad.
Las canciones ahora suenan menos tristes.
Los poemas que leo han cobrado el sentido.
Y cada vez que escribo siento que me desnudo de golpe.

Oye…
Voy a decírtelo por enésima vez:
te escribiré poemas hasta que te canses,
hasta que tengas en claro que me encantas.

Que me encanta esa luz tuya que acompleja a las estrellas;
que me desvivo por pensarte, por tenerte, por amarte;
que escucharte hablar es un efecto esquizofrénico;
que si la locura eres tú,
yo simplemente carezco de remedio.

Que eres tú la primera sin segunda.
La razón por la que se hacen más canciones,
por la que escribe este poeta,
por la que odia la gente.
Porque odian que existas,
al no poder ser como tú
y porque en tu interior
habita la esperanza que a ellos les falta.

Te quiero porque eres por quien se mueven las nubes,
por quien se desvanece el viento,
por quien nacen las flores,
por quien se alarga el verano.

Eres por quien llega el otoño
para demostrar
que no porque se caigan las hojas,
la vida tiene que dejar de ser hermosa.

Todo esto pienso cuando te veo
o, mejor dicho, cuando me miras.
Cuando sé que, aunque sea
por una milésima de segundo,
yo, este ladrón de más lástima que de corazones,
ha tenido tu atención y tu tiempo.

Imagina todas las cosas que no te he dicho,
cosas que no sé contarle a un poema,
cosas que mantengo en secreto
incluso de mí mismo,
porque quiero descubrirlas contigo.

Porque lo demás ya lo sé.

Sé que tus mejillas miden sesenta caricias milimétricas,
que recorrerlas por completo tarda una hora,
y que hay un minuto por caricia;
sé que tus ojos miran siempre
más allá de lo evidente,
sé que cantas más de lo que hablas,
que a veces necesitas que te abracen,
y otras que te den un cielo libre
para estrenar esas alas que te crecen a diario.

Sé que mides un metro sesenta y cuatro de belleza,
que pesas la misma cantidad de libras
que un puñado de atardeceres.
Sé que Sídney te espera cada vez que cierras los ojos,
que tus sueños no es que sean más altos que los míos,
sino que se van por direcciones diferentes.

Sé que tu música preferida
es esa que mueve el suelo de tu alma,
y que Dios te sostiene, te alienta, te cuida.

Sé que estás hecha de planes y visiones.
Que tienes un montón de defectos y virtudes.
Sé que te quiero por completo
aunque parezca una locura.
Que de vez en cuando sientes
no merecer tanto cariño.
Y que puedes tenerle miedo a la muerte
sin saber eres experta en devolver la vida.

No presumo ser el que te quiera como nadie,
pero me gusta que seas a la que más estoy queriendo,
me gusta encajar en ese vacío de tu vida,
porque la mía sin ti sólo está a la deriva.

Ojalá tomarte de la mano pronto,
ojalá perderme en ti y encontrarme contigo.

Supongo que sabes a lo que me refiero.

Que por ti, lo que por nadie.
Que en ti, lo que en ninguna.
Que si no tú, no será otra.
Hasta que aprendas de memoria que te quiero.
Hasta que se te grabe en el corazón lo que yo siento.

{Débil fortaleza}

Él la quería con locura
y a ella le resultaba de locos
que él la quisiera».

UN DÍA MEJOR QUE EL ANTERIOR
CONVIVENCIA

Aquella noche la encontré acostada, durmiendo profundamente, como si no hubiese pegado ojo en toda una vida, y me acerqué en silencio para observarla. Incluso en ese estado de inconsciencia y olvido me parecía preciosa. La abrigué con la manta y me aproximé a la ventana para observar la lluvia arañando los cristales. La vista hacia el exterior estaba empañada.

—Llegas tarde —dijo la voz a mi espalda.

Había olvidado que Erika tenía un sueño frágil.

—No sabía que estabas despierta —dije.

Me hizo una señal para que me acercara. Me despojé de mi abrigo y me incliné para besarla en la frente.

—¿Cómo te encuentras? —pregunté.

—Mejor. Sólo me duele un poco la cabeza.

—Te haré un masaje, tengo manos de pianista para eso.

—Prefiero tus manos de escritor —replicó.

Me acosté a su lado, abrazándola. Para mí no dejaba de ser un milagro el poder sentir su calor tan cerca.

—¿No vas a escribir hoy? —preguntó de pronto.

Eché un vistazo a mi escritorio, donde una pila de cuartillas esperaba a que prosiguiera con mi plan de trabajo, y negué en silencio.

—He decidido tomarme un descanso. Los libros pueden esperar.

Erika me miró un instante. Sentí su mano acariciarme la mejilla.

—Hoy no vas a desvelarte, ¿verdad?

La miré a los ojos.

—No —contesté, todavía inseguro.

Había conocido a Erika casi por accidente, en uno de esos saltos al vacío que no se planean, sino que simplemente suceden. Erika podía cerrar las puertas a la inseguridad y, cuando a mí me hacía falta una dosis de motivación, sólo tenía que mirarla sonreír, y ella venía, me daba las palabras adecuadas, y con eso era más que suficiente. No puedo señalar algo en específico que me gustara de ella, porque en realidad me gustaban muchas cosas. De hecho, me gustaba todo, así que si alguien me lo hubiese preguntado, aquel momento habría pronunciado su nombre sin pensarlo dos veces, como si el mencionarla fuese la respuestas a todos los enigmas del universo. De mi universo.

Tenía cuerpo de mujer y alma de niña. Cuando me sentaba durante horas delante de mi escritorio, incapaz de exprimir una sola palabra sobre el papel, rememoraba las tendencias de aquella chica que todos los días me robaba el aliento. Pensaba en el tiempo que sería capaz de resistirme a sus manías, a sus detalles, a su atención y a todas sus consideraciones inapreciables, y terminaba diciéndome que era imposible. Que si ella lo decidía podía tenerme en sus manos las veces que quisiera y en todas me sentiría a miles de kilómetros de distancia de un lugar al que no me gustaría regresar nunca. Amaba perder ante ella. Ser parte de su mundo. Un mundo de complejidades y sin máscaras. Un mundo lleno de cosas que estaban veladas para cualquier persona y al que yo me aventuraba consciente de portar la exclusividad de su cariño. Casi no teníamos roces, pero las raras veces que los teníamos, gustaba de darle la razón porque sabía que ella, a su manera, podía hallarle mil salidas al laberinto. También había momentos en que la sorprendía moviendo la cabeza al ritmo de alguna canción, a solas, leyendo o escribiendo, con esa manía suya que por dentro me derretía de ternura.

—Me encanta tu manía de pucheritos —le decía a veces, en tono juguetón.

Ella enarcaba las cejas como una niña a la que se sorprende haciendo alguna travesura.

—No tengo esa manía. Estás loco —replicaba.

Debo de estarlo, pensaba yo. Pero se siente bonito. Erika también pasaba tiempo a solas y cuando la carga emocional de todas las responsabilidades con las que tenía que cumplir, conseguía tumbarla en cama sin ganas de nada, no se reprimía y llovía en silencio. En aquellas ocasiones la sensación de soledad le desgarraba el alma y, aunque sabía yo que ella tenía en cuenta mi presencia, comprendía que a veces uno necesita estar a solas consigo mismo y romperse de vez en cuando. A fin de cuentas, ella era tan humana como yo. Me acercaba en silencio. Sin mediar palabra la abrazaba y permanecíamos así por minutos. Su calor me reconfortaba siempre. Su sola presencia, esa sinceridad y toda esa confianza, me hacían sentir el chico más afortunado del mundo. Me gustaba creer que mi presencia también la ayudaba a dejar de sentirse sola, considerando que haría por ella lo que fuera para que no se sintiera así. Me propuse a hacer con ella todo lo que ella hizo conmigo: el estar siempre presente, el no abandonarme aun cuando sentía que todo iba cuesta abajo. Erika me enseñó a creer en muchas cosas, entre ellas, en la esperanza. Me enseñó a mirar lo que ya conocía con distintos ojos, hizo que aprendiera el verdadero significado del redescubrimiento. Me hizo desear ser una mejor persona sólo para merecerla.

Recuerdo también aquellas tardes de cielos plomizos y aires gélidos en las que aprovechábamos para salir cualquier fin de semana que tuviésemos libre. Los días no eran nuestros del todo, pero la más mínima oportunidad la aprovechábamos para pasar el tiempo juntos. Caminábamos tomados del brazo, mientras la gente pasaba riendo alrededor, ajenos a nuestra presencia, y yo me sentía invencible. «¿Quién se atreve a pararme ahora?», decía para mis adentros, sabiendo que si ella estaba a mi lado, por cursi que fuera, nadie nunca hubiera podido lograrlo. Algunas noches regresábamos y en el portal dábamos por inaugurada una aventura más con uno de esos besos en los que siempre, siempre, hacía que el suelo bajo mis pies desapareciera. Erika, con esa particularidad propia de sí misma, tenía una forma de reír patentada. Mi tiempo a su lado era como la proyección de una película que se estrenaba todos los días, siempre en una nueva versión, siempre mejor que la anterior. Siempre mágica. Siempre haciendo que me preguntara si acaso era legal tener tanta suerte en un mundo tan miserable del que a veces parecía imposible que fuera a salir algo bueno.

Pero ahí estaba ella, con su singularidad rompiendo esquemas, con su espontaneidad dibujando paisajes en lienzos que al principio estaban vacíos. Su nombre en poco tiempo se convirtió en sinónimo de rescate. Con ella todos los errores que hubiera podido cometer estaban perdonados, tenían esa redención de las causas perdidas. Cada paso valía la pena, si todos los caminos que tomaba terminaban en su boca.

—De todas las pelirrojas del mundo, tú eres la que más me gusta —le dije aquella noche.

Erika rio, arrinconada en mis brazos.

—Es fácil decirlo. No conoces a todas las pelirrojas del mundo.

—No necesito conocerlas para saber que seguirás gustándome tú de entre todas.

Desviamos la vista hacia la ventana. La lluvia seguía cayendo con fuerza.

—¿Sabes? A veces pienso que todo lo que hablamos debería estar en un libro —dijo.

La miré y sonreí.

—Yo pienso lo mismo.

Un rato después, Erika logró conciliar el sueño. Había sido un día bastante cargado para ambos, pero aun así yo no pude pegar ojo en toda la noche, así que me desvelé de nuevo, no escribiendo poemas, pero sí mirándola, y puedo decir que la sensación era la misma. Al amanecer, las primeras luces del alba acariciaron la media sonrisa que se había formado en su rostro mientras dormía.

—Buenos días, bonita —dije, sabiendo que aquel iba a ser un día mejor que el anterior.

Ya pueden imaginarse cuánto.

CARTAS

QUE SEAS TÚ MISMA

Quiero serte sincero:

No te voy a pedir que me escribas poemas, no te pediré el cielo, no te exigiré las estrellas, ni quiero que me otorgues la luna; lo material pasa de largo y honestamente no me interesa. Me interesa estar contigo, y si llegase a pedirte algo será tu tiempo: para poder verte y estar a tu lado. Te pediría que aprecies mis detalles, porque no los hago más que pensando en ti, pues nunca lo hice por nadie y prometí no hacerlo; pero aquí estás tú, poniendo mi mundo de cabeza.

Y descuida, que no quiero que dejes de hacer lo que te gusta, pienso que esto tiene que ser una relación de amor, no de esclavitud ni de ataduras. Si quieres salir con tus amigas, adelante, yo confío plenamente en ti y no habrá ningún problema respecto a eso, lo único que te pediré es que te cuides y disfrutes. Puedes tener todos los amigos que quieras, pero no seas cariñosa con ellos. Me duele, y si a veces dudo, es porque lo nuestro empezó con una amistad también.

Así como te pido eso, también daré de mi parte para verte sonreír. Prometo hacer caso omiso a las muestras de cariño y llamada de atención de otras mujeres. Te pondré como prioridad en mi vida y tu felicidad será mi objetivo. No soy de hacer promesas, y lo sabes, pero cuando llegaste a mi vida comprendí que si se trataba de ti, cumpliría incluso las que no te he hecho.

Quiero que seas feliz, que seas tú misma, no quiero que cambies por mí ni por nadie porque para mí eres perfecta, y los demás deben quererte tal como eres. De igual manera, espero también que no intentes cambiarme.

Quiero que seamos libres el uno junto al otro. Aquí no existirán secretos porque, a fin de cuentas, no tendremos nada que ocultarnos. Me haré merecedor de tu cariño y te enamoraré todos los días como si fuera el primero, como si aún no fueras mía. Lograré escalar las murallas de tu corazón y me sentiré digno de tenerte para mí. Mi confianza será toda tuya y de ti dependerá mi sonrisa.

Te quiero, no te aproveches de eso. Puse mi fe en ti y espero que no me falles aunque estés muy lejos de aquí.

CARTA DE DESPEDIDA

No sé cómo decirlo... a veces se me olvida cómo empezar una carta. Es más, ni siquiera estoy seguro de que esto sea una carta, o si hago bien en redactarla de esta manera tan directa. A veces soy torpe, pero me he acostumbrado a muchas de mis limitaciones. Hay tantas cosas que quisiera decirte, pero todas se reducen a una simple frase: «te extraño», esas son las palabras que resumen a la perfección la falta que me haces.

Creí ser inmune a la nostalgia, y el simple hecho de pensar que debo dejarte me convenció de lo contrario. Se me parte el alma ¿sabes? Hay cosas que no se olvidan ni después de la muerte, como tu mirada, o los momentos que pasamos juntos y eternizamos con un beso. Me parece gracioso: antes de que entraras a mi vida yo era feliz sin ti, pero llegaste y por fin me sentí vivo; ahora que te has ido sólo quiero abrazar a la muerte y buscar en su poderío un beso tuyo, de esos que sabían a veneno puro. Está bien, te fuiste, y debes saber que desde entonces mi paisaje sólo conoce el invierno; no hay primavera, ni las flores tienen vida propia desde que se enteraron de que ya no estás. He aprendido a resignarme, te juro que no he encontrado manera más drástica para volar que arrastrarme. Te seguí hasta que mis fuerzas se agotaron, y mi último suspiro fue suficiente para pronunciar tu nombre.

Te extraño, sí, te extraño. No parece haber pasado mucho desde que vi tu sonrisa por última vez, esa exquisita manera que tenía la vida de demostrarme que no todo es malo, ni todo es doloroso, porque tu sonrisa era el único detalle que lograba transmitirme paz. No imaginas la satisfacción y felicidad que sentía al saber que yo la provocaba. Me gustaba tu carita de niña, y tu mirada traviesa que me sonreía. Cómo olvidarte, mi vida, si me provocabas mil suspiros con tus palabras, y tu sola presencia me hacía sentir seguro, tus besos me hacían volar, me transportaban al mismo cielo, y me sentía inmortal. Desde la cima podía ver muchos reinos e innumerables paisajes presumiendo un intento fallido por querer igualar tu belleza; qué banales sus aspiraciones, ignoraban que tu belleza no puede ser igualada nunca. Me duele el saber que el amor, así como viene sin avisar, puede irse de la misma manera.

Caí desde mi fantasía, y no pude soportar un golpe tan fuerte y crudo de la realidad misma. Te extraño. Aunque te hayas ido, yo siempre estaré contigo, te haré saber que sigues siendo mi cielo, que aunque pase el tiempo no se borrarán las heridas que causaste en un corazón que de verdad te quería. Y no importa. Las cicatrices que dejaste también son evidencia de que alguna vez me amaste.

No, cariño, no llores. Si quieres la verdad, yo también me he ido. Mi cuerpo se rindió y quedó sin fuerzas para seguir cargando con un alma hecha pedazos por tu ausencia. Y no llores, por favor, que quiero serte un recuerdo alegre. No pienses en mi ausencia, piensa que un día estuvimos juntos. Que la nostalgia no sea tu lecho, ni la tristeza tu almohada cuando intentes conciliar el sueño en cualquiera de estas frías noches que se acercan. Yo estaré contigo, en honor y agradecimiento a todas las sonrisas que lograste sacarme. No importa que se hayan vuelto lágrimas por tu propia mano, fuiste tú la razón de mi alegría durante mucho tiempo, y eso es lo que me importa. Adonde tú vayas, yo iré, cuidaré de ti porque eres mi tesoro más preciado, y esperaré paciente el día en que puedas estar conmigo.

Si alguna vez te sientes sola de noche, sólo mira a la luna, que yo estaré observándote sentado desde algún otro rincón, viendo con serenidad el camino que recorres sin mi mano sosteniendo la tuya. Serás fuerte, lo sé; has superado circunstancias más graves y de eso he sido testigo, porque estuve a tu lado cuando lo hiciste. Mírame en el día, en las nubes, que las usaré para dibujar la letra inicial de tu nombre, como señal de que aún en la distancia puedo acompañarte. Y cuando suba al cielo de nuevo, guardaré un lugar para ti en las estrellas. Mientras tanto te voy a cuidar porque para eso nací, para amarte, aunque haya muerto en el intento de quererte.

LA ROSA DE PAPEL

Querida:

Perdona la hora, pero cuando hay algo urgente atorado entre las manos no es bueno retenerlo. Ha pasado mucho tiempo desde nuestra última cita y me pregunto si aún conservas la pequeña rosa de papel que te regalé. ¿Viste los pétalos? Yo sé que sí. No tienes idea de cuánto tiempo pasé escribiendo al reverso de cada uno las razones por las que te quiero, pero valió la pena.

Aunque, vamos, qué cosas digo…, ya ni siquiera la debes conservar. Han pasado muchos años y durante este tiempo he aprendido y desaprendido tantas cosas, pero lo que no consigo quitarme de la cabeza es aquella primera vez que me sonreíste. Por cierto, debiste haberte visto; hasta tú te hubieras enamorado de ti misma. Parecía que te temblaban las rodillas, pero en aquel momento conseguiste hacer temblar todo mi mundo. Cuando reíste, parecías nerviosa, como yo, que luché por disimularlo. En aquel entonces yo podía tocarte, y hoy, sin embargo, me queda el tacto débil y abstracto de tu recuerdo. Tu bonito recuerdo.

Esta noche no he podido dormir, así que quise escribirte lo que desde hace días me ha estado dando vueltas en la cabeza… ¿Sabes? Dicen por ahí que la soledad es la única salida para los que ya no tienen esperanza. Y tienen razón. Una fuerza te obliga a aislarte del mundo para imaginarlo a solas. Y yo he pasado mucho tiempo imaginando tantas posibilidades, tantos caminos, tantas salidas, aunque ninguna hasta ahora me ha llevado a dar un paso más allá de esta tristeza. Hoy puedo decir que cuando te conocí, conocí lo que supe que quería tener por el resto de mi vida, y cuando te fuiste, vi cómo la vida me quitaba lo que creí que siempre estaría a mi lado. Me gustaba escribir sobre lo mucho que te quería. Tal vez, por tanto leer lo mismo, hayas decidido explorar otros libros, marcharte sin darme tiempo para decirte que no te culpo, pero que tampoco sé por qué tuve que sufrir tanta indiferencia. Lo que sí sé es que tengo los suficientes recuerdos como para escribir un libro. Uno que de verdad te guste, porque yo todavía te sigo esperando, con el sentimiento, las cicatrices y, sobre todo, con la ingenuidad intacta.

Y ya aprovechando, quiero confesarte que las notas que encontrabas entre tus cosas las escribí yo a escondidas. Todas las noches creaba un poema y lo recitaba como si estuvieras oyéndome. Sí, yo era ese «chico anónimo», ¿te acuerdas de él? Ahora, ya lejos de aquellos días, me doy cuenta de que mis recuerdos se han convertido en una canción demasiado triste. Hoy me acordé de ti, como lo hice ayer, como probablemente lo haré mañana. Te imaginé leyéndome, aunque no pude evitar imaginarte con él, porque, a decir verdad, pareces ser más feliz a su lado. Más plena. Completa. Como si hubieses adquirido la habilidad de sonreír veinticuatro horas al día.

Yo comencé a escribirte cuando me comenzaste a gustar, y prometí nunca dejar de hacerlo hasta que alguien mejor que tú llegue a mi vida. No he dejado de escribir sobre ti desde entonces. Siempre lo hago en silencio para no serte tan evidente, pues sé que no te gusta que te escriba (y perdona si he roto esta regla justo hoy). Espero no interrumpir nada. Sólo hazme un favor: dile a él que te cuide y que te dé lo que no pude darte, porque lo mereces. Hazle saber que tiene en sus manos al tesoro más grande que jamás ha existido, y que se dé cuenta de que vales más que cualquier cosa en este mundo, incluso mucho más que la rosa de papel que un día te regalé.

DE JULIANA PARA LEANDRO

Ojalá hubiese sido, la nuestra, otro tipo de despedida. Hoy, al verte (o al imaginarte, que es lo más cerca que estoy de tenerte), puedo comprender la situación con todos sus contrastes. Creo que el dolor es normal, que te extrañe y que no haya aprendido a ver el mundo con la misma claridad de antes. Supongo que de poder, yo hubiese hecho algo al respecto. Al ver tu vida postrada en una mala noticia que nos golpeó a todos, lo que menos pensé es en que aquel maldito cáncer apagaría tus ojos tan rápido.

Ojalá vieras cómo ahora el mundo me sabe a naufragio, cómo estoy sin estar, cómo la ausencia que llevo en forma de niebla en mis ojos, me ahoga por las noches. Lo intenté. He sido fuerte por los dos y por tu familia que hoy te echa de menos. Dejas algo más que un lugar vacío, dejas una vida sin dueño, inviernos cada vez más crueles, primaveras desteñidas, veranos sin sentido, otoños grises.

Ojalá hubiésemos terminado lejos, pero no tanto. Ni siquiera puedo verte caminar por la calle y sentir temor de hablarte, ni siquiera eso. Te has ido, le dejas demasiado espacio a la tristeza y a estas ganas de abrazarte y decirte cuánto me faltas. Cuánto odio no poder tomarte de la mano cuando salgo, cuánto deseo que no me hayas dejado los recuerdos, ni que te hayas llevado las playas a las que íbamos a ir. Quiero saber en qué me equivoqué con la vida o qué hice que provocó que te llevara tan pronto, a un paso de nuestro mayor sueño: el casarnos. Me veía vestida de blanco, dispuesta a decir «sí» para cuando me preguntaran si quería escribir el resto de mi historia a tu lado.

Y es que eras el único al que me hubiese entregado completa. Contigo conocí lo que es reírse de un mal chiste más de dos veces, nunca antes me sentí tan cuidada, y nunca me diste razones para pensar que estaba sola. Incluso había momentos en los que contaba las horas y minutos para verte, tan ansiosa como una niña a la que le invitan a jugar su juego favorito.

¿Que no todo fue bonito? Como todas las relaciones, supongo. Nunca habrá relaciones perfectas, pero sí únicas, y pese a todo, yo estuve enamorada de lo que eras, de lo que significabas en mi vida, y sólo por eso, el tiempo que estuvimos juntos valió la pena. A veces había distancia pero eso no impidió que siguiéramos unidos a pesar de ella. Ahora me dicen que la vida sigue, pero lo único que sigue es el tiempo; mi vida se queda estancada, tú te has ido y eso es algo que no creo que puedan entenderlo. Te llevas contigo el futuro, las sonrisas, los viajes, los planes, la cama de matrimonio que nunca estrenaremos.

«Porque sí, puede que al final
la tristeza nunca gane,
pero es increíble hasta dónde
podemos llegar con ella».

LA OTRA FRONTERA
—AGNICIÓN—

No recuerdo cuándo empezó la decadencia. Quisiera hacer un pacto de reconciliación con mi memoria y anclar fechas y lugares, tal vez terceras personas, tal vez temores internos que surgen de la imposibilidad de contemplar un proyecto compartido que fuera sempiterno. Pero a veces los recuerdos son confusos, como una película en blanco y negro, y nunca acuden al momento del llamado, sino que se internan en el laberinto de nuestra mente para que jamás demos con ellos. Están ahí, pero no los vemos. Esto es lo que ocurre ahora mismo con los míos.

Erika, aquella estrella de mi vida, la señorita causante de mis temblores nerviosos, un día me dijo que necesitaba un tiempo. La miré a los ojos y percibí una fuga de edificios, un infinito que curvaba los colores, un abismo insondable, como si en él se bifurcaran las posibilidades de toda una vida juntos. En ese momento no me di cuenta, pero lo que acababa de presenciar al mirarla era una retahíla de recuerdos, algunos tan nítidos, como si acabasen de suceder apenas unas horas antes. Dicen que este tipo de cosas ocurren cuando ves toda tu vida pasar frente a tus ojos, justo a punto de morir. A mí me ocurrió en aquel instante, no porque estuviese a punto de perder la vida, sino porque estaba a punto de perderla a ella. Un hombre no vive una sola vez. Vive las veces que abre las puertas de su alma a una mujer para amarla. Y en aquel momento mi vida, Erika, estaba a punto de marcharse.

—He tomado una decisión sobre ti —dijo.

—¿Y cuál es?

Suspiró antes de contestar, como si las palabras le pesaran.

—Ya no quiero que sientas nada en tu corazón por mí.

Y el silencio apareció, un muro de palabras ausentes.

—Siento que me estoy perdiendo —dijo.

No respondí.

—Ya no hago más que pensar en ti, y me da miedo el futuro. Temo no poder ser lo que tú te mereces, temo que no encuentres en mí lo que buscas en una mujer. Es un miedo tonto, lo sé, yo tampoco lo entiendo del todo. Es sólo que tú ves en mí todo lo que yo jamás pude ver. Me das tanto, me amas tanto…

—Y temes no merecer todo ese amor —corté.

Ella bajó la mirada. Levanté su mentón con delicadeza y la miré a los ojos.

—Erika, lo que tú sientes es normal. Todos tenemos miedos y a veces no podemos contra ellos. Pero lo importante en una relación no es tanto comprender esos miedos, sino superarlos juntos. Tú no estás sola, aunque debo admitir que me siento mal al saber que aun estando conmigo no has evitado sentirte así. Tal vez necesitas un poco más de espacio, y créeme si te digo que yo no pienso negártelo. Pero quiero que sepas que, si te vas, dejarás rota a un alma que nunca había amado con tanta intensidad, y las almas rotas no tienen cura. Se pueden enmendar, se pueden suturar, pero jamás serán las mismas de antes. ¿Quieres irte? Hazlo. ¿Quieres dejar de pensar en mí? Hazlo. Es más, yo seré quien te acompañe hasta la puerta, porque tú, como yo, eres libre, y quiero que me ames con esa libertad que tienes, esa libertad preciosa que vi en ti y de la cual me terminé enamorando.

Limpié con mis dedos las lágrimas que resbalaban por sus mejillas y aparté un mechón de cabello de su rostro.

—Quiero que sepas que no quiero que te vayas —le dije—, y que, si algún día decides regresar, yo estaré aquí esperando.

Tomé su rostro con mis dos manos y, con esa suavidad y urgencia que inspiran los momentos más íntimos, la besé. Era noche cerrada y la ciudad dormía tras las ventanas. Aquel instante, de un día sin fecha, todavía permanece grabado a fuego en mi memoria.

Nos recluimos en la habitación como un par de prófugos. La besé hasta no saber dónde comenzaba su boca y dónde terminaba la mía. Erika se dejaba guiar como en un baile hipnótico de pasión y ternura. La conduje a la cama y la acosté como si la estuviese depositando en un nido de flores. La desnudé lentamente, como se deshoja una rosa. Los pétalos cayeron al pie de la cama y una lluvia de sensaciones cubrió nuestros cuerpos al compás de las horas y los minutos. Su piel, tan suave como era, brillaba erizada a la luz de la luna que entraba por la ventana. Sus gemidos llegaron después, lentos y entrecortados. La amé como sólo se puede amar a una mujer que está a punto de marcharse. La amé con urgencia, con ese ímpetu vigoroso de quien busca que no lo olviden. La amé como diciéndole en cada embestida que aunque se marchara siempre me llevaría con ella, y que ella siempre estaría conmigo. Nos fundimos en la humedad, en el deseo, en las miradas de desesperación, en los gritos desgarradores que sólo puede causar el placer de los orgasmos. La amé de ese modo, del modo para el que las palabras sobran. La amé como si fuese la primera vez que iba a hacerlo. La amé profundamente.

Horas más tarde, cuando la noción del tiempo se había marchado, nos rendimos al sueño y comprendí que aquella era la última vez que dormiría a su lado. Erika sucumbió primero. Contemplé las sábanas cubriendo la curvatura de su cuerpo y no me aguanté las ganas de besar su espalda por enésima vez. Luego, cuando me quedé a solas en la oscuridad de la habitación, cerré los ojos y esta vez no reprimí sensación alguna. Recuerdo que comencé a llorar.

Me despertó la luz del sol. Antes de abrir los ojos ya sabía que me encontraba solo. Me incorporé de la cama y contemplé la habitación. Miré el reloj de la mesita de noche: ya era mediodía. Cuando fui al lavabo pude percibir su ausencia. Cuando ingresé a la ducha ya sabía que algo era distinto. Cuando busqué mi ropa eché en falta la suya. Cuando salí de la casa supe que no iba a verla.

Caminé por la ciudad como una sombra, contemplando los edificios, tan inmensos y ostentosos, como si fuesen ajenos al mundo. La gente pasaba sin rostro, como si alguien le hubiese robado los colores a la ciudad. Más de una persona me saludó por el camino, pero no sé si contesté a sus saludos. Mis pasos me llevaron a la plaza y busqué refugio en uno de los bancos. Creo que pasé ahí varias horas, porque cuando me levanté y tomé un taxi con dirección al malecón, ya estaba atardeciendo. Los edificios cabalgaban tras las ventanas del vehículo mientras el taxi recorría el trayecto. Cuando me apeé hacía tanto frío que tuve que abotonarme la gabardina hasta el cuello. Fui directamente al café donde la había visto por primera vez, pero no me atreví a entrar. Caminé por la orilla de la playa, ajeno a las parejas que jugaban con las olas. El sol cada vez iba alejándose más y fue entonces cuando un soplo de cordura —el primero en todo el día— me hizo dilucidar dónde me encontraba y qué era lo que realmente estaba haciendo ahí. Me vi inerme, un hombre sin orientación, perdido en la inmensidad de la playa. Una voz en mi interior me dijo que fuera por ella, que no la dejara ir tan fácil, tan pronto, tan rápido. Así que me armé del poco valor que me quedaba y regresé a casa, aunque no a la mía.

Treinta minutos más tarde me encontraba en la dirección que alguna vez ella me había dado en caso de que la necesitara. Resultaba irónico que esa fuera mi primera visita. Toqué el timbre y esperé. Me abrió la puerta la que supuse debía de ser su madre. Le pregunté por Erika y me preguntó quién era yo. «Yo ya no soy», pensé.

—Un amigo. Había quedado en verme con ella pero no ha acudido a la cita.

—Joven, ella ya se fue.

La pregunta me dejó confundido.

—¿Se fue?

—Su vuelo sale en media hora —dijo, asintiendo.

Mi corazón latió más fuerte.

—¿Adónde irá?

—Me dijo que no le dijera a nadie, por si llegaban a preguntar por ella.

Asentí.

—Muchas gracias. Buenas noches.

Di media vuelta y me marché, pero a medio camino ella me llamó de nuevo.

—No me ha dicho su nombre.

La miré antes de contestar.

—Heber —respondí, y reanudé la marcha.

Ya habían pasado veinticinco minutos cuando llegué al aeropuerto. Durante todo el camino no dejé de maldecirme por no haber acudido a verla horas antes. Un mar de gente se atiborraba en el vestíbulo principal del aeropuerto. Irrumpí en una fila para consultar por el vuelo más próximo, ignorando las pullas y quejas de los que estaban formados. La mujer que atendía me dijo que todos los pasajeros ya habían embarcado y que ese vuelo estaba a punto de salir. Pregunté por el número de puerta.

—Número tres —dijo.

Salí corriendo a escape.

Encontré la puerta número tres custodiada por un par de vigilantes que la estaban cerrando. No se avinieron a entender explicaciones ni súplicas, así que los empujé y salté el cordón de seguridad. Corrí con los guardias pisándome los talones, llamándome y pidiendo que me detenga. A través de la pared de cristal pude ver que en la pista de aterrizaje el avión seguía ahí, y apreté el paso. Cuando llegué al final del pasillo me encontré con que la puerta que comunicaba con el puente de abordaje estaba cerrada. La azafata que estaba ahí me miró con ojos de sorpresa cuando le pedí que la abriera. Pero antes de que pudiera responder los dos guardias me cayeron encima y trataron de inmovilizarme. Mientras forcejeaban conmigo pude ver que el avión que estaba estacionado comenzó a moverse, y entonces, con esa resignación amarga de quien ve que todo está perdido, grité su nombre y me dejé arrastrar de vuelta a la salida. Me llevaron a una oficina con paredes grises. El hombre que me presentaron como el inspector de seguridad se sorprendió al verme, aunque en ese momento no entendí por qué. Cuando pronunció mi nombre me di cuenta de que era un amigo entrañable, de esos que uno dejó de ver hace años pero que jamás olvida. Me dejó ir con la condición de que no vuelva a armar una escena como esa. Le dije que tenía mi palabra. Me fui de ahí antes de que me preguntara si me encontraba bien.

Esa fue la primera de varias noches que vagué sin rumbo por la ciudad. Pasé largos días y noches maldiciendo su existencia, sea donde fuere que se encontrara. Sólo entonces me daba cuenta de lo rápido que la había dejado ir, de lo fácil que resulta deshacerse de lo más importante para luego arrepentirse. Intenté refugiarme en los libros, intenté refugiarme en la música, pero cada lectura y cada canción me devolvían su recuerdo. Los poemas fluían constantes también, pero la mujer que los motivaba estaba ausente. Quise —pero no pude—, encontrar esa paz que dicen que hay en la soledad. Olvidan, casi siempre, que la soledad es bonita siempre y cuando, al mirar alrededor, no eches de menos a nadie.

Con el transcurrir del tiempo me acostumbré a extrañar en silencio. Poco a poco me fui reconciliando con el mundo, con las calles de una ciudad fría y casi siempre ajena a mi existencia. Retomé mis rutinas de trabajo y fui acoplándome a esta sociedad que ni siquiera había notado mi ausencia. Reactivé mis salidas con amigos, las reuniones sociales, como si en ellas hubiese algo que pudiese mitigar el vacío que aún llevaba conmigo. Incluso llegué a olvidarla, aunque no del todo, porque cada vez que conocía a alguna chica siempre se interponía su recuerdo. Mis amigos decían que ya era momento de darme una nueva oportunidad, pero, ¿quién realiza cronogramas de sentimientos? ¿Quién controla el horario del alma? Sabía que no era tiempo, me lo decían todos esos momentos en los que, al quedarme a solas con cualquier chica, las ganas de salir huyendo resultaban incontenibles.

Supe que aquel era un camino todavía muy largo, así que sólo me quedó esperar. Confié en que, tal vez con algo de suerte, algún día conseguiría olvidarla del todo.

Qué ingenuo resulté ser.

TEXTOS
DEDICADOS

EL AMAGO DEL DESTINO

Especial para Cinthia Sierra

Cuando te conocí pude entender que no todo en la vida tenía que ser triste o gris; que ella, en sus infinitos caminos, había tenido a bien tramar nuestro encuentro de sorpresas, como se junta a dos personas que se conocen por casualidad. Y eso, aparte de devolverme la cordura, me hizo entender que siguen existiendo personas que valen la pena, la alegría e incluso la incertidumbre de conocerlas.

Te vi y sentí el amago del destino en tus ojos. Algo en tu mirada me dio un mensaje que no logré comprender en aquel momento pero que fue contundente. Cuando sonreíste advertí por medio de tus labios una ternura que no se encuentra en cualquier chica; una ternura que tomaba forma en todo tu cuerpo, vistiéndote de una belleza singular que tú misma desconocías. Yo ya había sido tentado a tocar el fondo de una soledad agobiante hasta que llegaste. Con esas manías, con esa espontaneidad, con esa vacilante manera de ver la vida por su lado más amable y convencerme de enviar a la tristeza de vacaciones para siempre.

No había día en que no nos viésemos aunque fuera sólo para hablar de cosas sin sentido; ni noches en las que un simple mensaje nos dejara la sensación de estar haciendo las cosas bien. Te quise rápido, como se llegan a querer aquellos detalles que llegan luego de que uno hubiese perdido la esperanza de encontrarlos. Descubrí en ti a una compañera, alguien que tenía mundos por dentro pero que era tan fuerte como sus propias ganas se lo permitían. A veces llovía en tu cielo, y era entonces cuando abrazaba a tu mundo y procuraba ahuyentar aquella desesperación silenciosa que te carcomía el alma.

Procuraba estar cerca de ti, tan cerca como para que no cupiese duda de que si por mí fuera estaría a tu lado siempre que me necesites. Fui encontrándote más detalles, no bastaba con mirarte y suponer cosas; me adentré en tu vida, devolviéndote el favor que habías hecho conmigo, hasta descubrir que, más allá de ese semblante de sonrisas tiernas y miradas encantadoras, se escondían mil cicatrices de aquellas heridas que te marcaron con tinta indeleble y que hoy conservas como un recordatorio de que la vida puede llegar a ser horrible.

Vaya... ¿Tienes idea de lo difícil que es encontrar a personas como tú en este mundo? Y aquí estamos. Parece que el tiempo se hubiera tomado un descanso, dejándonos el paso libre para lo que ahora parece convertirse en una de esas amistades que prometen caminar hacia lo infinito. Y te quiero. Creo que a veces sólo necesitamos saber que somos importantes para alguien y tú me importas mucho. Así como un día yo intenté traer la paz a mi mente, así haré que puedas encontrarle lo bonito a la vida. Porque en ocasiones la vida y el sufrimiento van a la par, pero siempre podemos sacar provecho de ello. Te quiero como si nada hubiese cambiado desde el día que te vi por primera vez, con esa sonrisa que ahora presumes con delicadeza; la misma que sueles usar como escudo, como una armadura. Te quiero, porque me gusta cómo eres, porque eres tú misma, y te quiero porque ahora he comprendido —aunque me haya tardado—, el mensaje de tus ojos. Y quedará aquí, guardado en mi pecho, donde tú vives ya hace mucho tiempo.

TAN AJENA COMO HERMOSA

Especial para Elizabeth Castaneda

Si te miro, aun si es de lejos, puedo sentir esa magia de la que hablan siempre, esa sensación de ver al mundo encenderse en un espasmo encantador. Eres así de bonita, así de intensa; por eso quizá me parece que las calles esconden tu nombre por miedo a extinguirse. No me costaría reconocerte en cualquier parte del mundo. Tú eres real, como esos sueños que se me graban en la piel y la mente, formando parte de un pasado que nunca ha existido.

No sabría decidir lo que siento, o lo que me haces sentir, si eres de esas mujeres que hacen sentir de todo. Y debo admitirlo: a veces temo encontrarme contigo y no estar preparado para poder tenerte. Temo no ser suficientemente valioso para merecerte o de no tener las palabras adecuadas para dirigirme a ti. Si me miraras con atención quizá pudieras encontrarte con esa sonrisa rota que a veces menciona tu nombre entre susurros, entre ecos que se pierden en la penumbra en la que se ha convertido mi vida desde que supe que eres tan ajena como hermosa.

Pero yo también existo en tu vida, quizá como el personaje secundario de tu historia, pero soy real. Tal vez soy ese sujeto invisible que te observa en silencio con anhelo y nostalgia, pero aun con todo, si me mostraran otros paisajes, no dudaría en negarme a dejar esos ojos encantadores que tienes, aun si tengo que resignarme a callar para siempre, aun si tengo que limitarme a ver tu figura marcharse de mi vida como una promesa que nunca tuve el valor suficiente para cumplir.

LA RESPUESTA SERÁS TÚ

Especial para Erika Oyola (06 – 03 – 15)

Yo, que me decía que no había definición de perfección que resultara suficiente para saciar la sed que me agobiaba. Yo, que coleccionaba conversaciones a solas, pensamientos que me aturdían y esas malditas ganas de no volver a salir nunca. Que vivía solo, encerrado, con las luces apagadas y sin que nadie reparase en mi presencia. Yo, aquel que tenía por verdugo al espejo, me dije que era imposible mirarte a los ojos sin sentirme afortunado. Porque cuando te vi lo entendí todo, que eras esas ganas que tenía de conocer el mundo por el lado más bonito. Y a mí me aterraba la idea. Muchos ya me lo habían dicho: «El mundo esa mala noticia que aparece en los diarios todos los días, en portada y con mención de honor». Por eso no leía los diarios, porque tenía miedo y, la verdad, lo sigo teniendo. A la gente le gusta el morbo, me decía. Pero nadie, de seguro, te conoce como yo te conozco. Y tienes esa capacidad increíble de hacerle pensar a uno que en este mundo nadie ha muerto.

Me dio ganas de salir cuando te vi. Aun cuando estabas lejos supe que eras tú: esas esperanzas que a uno nunca le llegan en vida. Por eso tenía miedo también, porque pensé que al verte yo ya estaba muerto, pero luego reí y sentí unas ganas enormes de abrazarte. Quería saber si era cierto que tus labios no sólo forman sonrisas perfectas, sino que también pueden a uno resucitarle de una muerte imprevista. Porque viniste como un accidente, y desde entonces no he olvidado tu nombre. Tampoco he olvidado el día en que te atreviste a entrar y encender la luz mientras yo me desvanecía en un rincón. Cerraste la puerta, abriste las ventanas e iluminaste mi vida. Mi vida, ¿lo entiendes? Mi vida, que era vacía y sin sentido. Me abrazaste, luego vi tus labios y, después de sentirlos, supe que algo en mí había resucitado. Supe que tu piel tenía ese calor que me bastaría sentir en invierno. Supe que no iba a querer irme de tu lado nunca, porque para entonces ya había decidido que tu sonrisa era la única que deseaba ver al abrir los ojos por el resto de mi vida.

Ellos siguen diciendo que en el mundo lo que menos existe es felicidad. Pero yo sé que mientras estés a mi lado todo se resume en contradicciones, las benditas contradicciones a las malas noticias, a la muerte, a la soledad y la tristeza. Te tomo las manos y comprendo que siempre te estuve esperando, que eres tú quien algún día iba a rescatarme. Que me digan que no existe la perfección, y está bien, pero tú eres lo que más se le acerca. Y si me preguntan qué es lo que más me gusta de la vida, la respuesta serás tú. Siempre tú.

POEMAS QUE HABLAN DE ELLA

Especial para Juliana Cuevas

La chica que no disfruta de los domingos,
la que en año nuevo se puso look nuevo.
La misma que ve el atardecer en la ventana
y cuyo nombre dibuja en el vaho de la lluvia.

A veces el temporal se derrama en su interior,
como quien limpia su alma por dentro,
de recuerdos y promesas que nunca supieron
tan amargos, hasta que se quedaron lejos.

Ella a veces necesita un espacio
en el que hilvanar sus silencios;
un poco de café, una taza de té humeante,
un capítulo de su serie favorita en Netflix,
leer poemas que hablan de ella
aunque quien lo escribió no la conozca.

No le gusta aquella ciudad tan grande,
le basta un rincón en la sombra,
un soplo de aire fresco,
una canción que mueva sus instintos.

Le encanta leer
aunque tenga varios libros pendientes,
y suele odiar terminarlos por si luego le faltan.
Teme a veces mirarse al espejo y no gustarse,
lo que no sabe es que hay más de uno que la mira
y se guarda aquel deseo de abrazarla muy adentro.

Ella piensa en alguien, aunque ese alguien no esté.
Maltrata a pisotones las hojas caídas
de los árboles que crecen en su alma,
ahí donde la primavera no llega,
ahí donde el invierno quema.

Ojalá pudiera decirle que no está sola,
que su sonrisa es capaz de matar monstruos
todos aquellos que existen y los que no.

Si lo supiera, ¡caramba!
Quién sabe qué haría
con un poder tan grande.

UNA VIDA DEMASIADO CARA

Especial para Alicia Clementine

Alicia es fantasiosa, y no hablo de la del cuento, porque esta Alicia sabe superar los malos ratos y pasearse en un mar de angustia como quien pasea en una pasarela de gala. Bucea en el interior de aquella tristeza líquida, tiene más cicatrices que dinero, un vacío de amor que siempre está lleno de soledad, de quemaduras de tercer grado, tras haber estado expuesta demasiado tiempo a unas promesas que, como el sol, le ardían en el alma mientras más cerca estaban.

Hablar de las cosas bonitas que le han ocurrido es hablar del pasado, del presente y del futuro. Piensa que caer es divertido cuando, en lugar de querer evitar el golpe, imagina que vuela por un cielo tan grande que no le cabe en la palma de la mano ni en la perspectiva de su corazón. Alicia bebe café, y aunque pareciera que esto es demasiado trillado, ella siempre ha sido la excepción a más cosas de las que podría imaginarse alguien. Lee con avidez, se entrega a la paz de las palabras, dejando que la poesía la abrace, la acune y le cante canciones al oído para dormir plácidamente a cualquier hora del día. Ama la compañía, precisamente porque pasa la mayor parte del tiempo sola. Tiene una banda favorita, de esas que tienen canciones para cualquier estación del alma.

Confía en las personas más de lo que confía en sí misma, y por eso cae, por eso la hieren, como si creer en estos días fuese un delito tipificado en el código penal con la condena más alta. No es que desencaje, es que está en el mundo equivocado, como les pasa a todas esas personas que siempre tienen algo que entregar en un lugar donde todos cierran las puertas. Entonces se esconde siempre al lado de la ventana, como soñando con un mañana en donde pueda ser libre. Y aguarda paciente, tachando calendarios y pasándose las horas al vaivén de una vida que le sabe demasiado cara. Quien la descubra algún día como el tesoro que es, sabrá que el nombre no tiene nada que ver con la Alicia del cuento, aunque bien puede encontrar en ella todas las maravillas del mundo. Sólo es cuestión de tiempo y ella lo sabe.

«La única (e insignificante) diferencia
entre el frío y tu ausencia,
es que del frío tengo al menos
con qué defenderme».

NUEVA PERSPECTIVA
AÑORANZA

Se cumplían tres meses desde que se había ido. Tuve semanas en que soñaba frecuentemente con Erika. En todos los sueños, sin embargo, sufría la crueldad de su indiferencia. Recuerdo uno de ellos, en los que fui a verla a su casa. Era una tarde gris y hacía frío. Me abrió la puerta y sonrió, feliz de verme. Me abrazó eufórica pero cuando le pedí que saliéramos la sonrisa se le esfumó. Dudó antes de decir que sí.

En el camino casi no hablamos, y el brillo que había visto en sus ojos al llegar a su casa se había esfumado. Fue inútil sacarle una plática. Erika incluso estaba cruzada de brazos, caminando como si estuviese siendo obligada. «¿Pasa algo?», le pregunté. No respondió. «¿Cómo ha estado tu día?». «Bien», y nada más. Llevábamos apenas media cuadra de caminata, pero se sentía como si le hubiésemos dado diez vueltas al perímetro de toda la ciudad. De pronto, se detuvo. No quiso caminar más. Apenas me miraba, como si temiese dar un solo paso. La tomé de la mano. «¿Qué pasa?». «Creo que no quiero salir hoy». «Entonces será otro día. Te dejaré en tu casa».

Por alguna razón, las calles lucían vacías. Ningún alma a la vista. Nadie, como un pueblo fantasma. Erika abrió la puerta de su casa y la dejé ahí, hasta que la cerró, pero no me moví. Me quedé ahí, observando la puerta cerrada, esperando. No sé qué, pero esperando. Luego, con la certeza de que aquel día no iba a volver a verla, me fui. Caminé de regreso, extrañado por aquella visión fantasmal.

Una cuadra más adelante, me llegó el sonido de un motor. Luego, de más motores. Escuché risas y de pronto la avenida se llenó de vehículos. Pasaban como caravana.

Pude ver a Erika sentada en una moto lineal, abrazada a alguien que llevaba casco. Grité su nombre y ella se volvió a verme, pero su mirada fue de extrañeza, como si no me reconociera. Los vi alejarse lentamente hasta que la avenida volvió a quedarse vacía.

Desperté con el corazón latiéndome en las sienes. Un sudor frío me cubría el cuerpo y me incorporé para abrir las cortinas de la ventana. Apenas estaba amaneciendo. Media hora después, estaba en la calle.

Me dirigí hasta un café cercano que acababa de abrir sus puertas. Elegí una de las mesas de la terraza, la más próxima a la ventana, y pedí un café con leche y algo de tostadas para desayunar. No tuve que esperar mucho, a lo mejor porque era el primer cliente del día. La señorita que atendía dejó el pedido en mi mesa un par de minutos después, y me deseó buen provecho con una sonrisa.

Estaba llevándome la taza a los labios cuando vi que alguien me miraba al otro lado del cristal de la terraza. Era Abel, un amigo entrañable al que no veía hace años. Entró al local y nos saludamos con un abrazo.

—¡Cuánto tiempo, hombre! ¿Qué ha sido de tu vida?

—Bien, como para no quejarme —contesté.

—¿Te molesta si te acompaño? Ya que me ignoraste el saludo el otro día, me parece una buena ocasión para hablar un poco.

Abel hizo un gesto para que la señorita se acercara, e hizo un pedido para sí.

—¿De qué saludo hablas?

—Fue hace tiempo ya. Andabas caminando en dirección a la Plaza. Parecías zombi. Te llamé pero ni caso. ¿Todo bien?

Recordé el día en que fui a ver a Erika al aeropuerto. Y tragué saliva.

—Sí, todo bien. Nada de qué preocuparse.

Desayunamos con calma, y pasamos un buen rato hablando nimiedades, como el clima o la política.

—Y a todo esto, ¿adónde ibas tan temprano? —pregunté.

—A casa. De hecho, terminaba de hacer algo de ejercicio.

—Ya veo. El ejercicio matutino alimenta el ánimo.

—¿Y tú? Nunca te he visto por aquí a esta hora. ¿Vives cerca?

—Sí, a unas cuantas cuadras.

—¿Y qué es de la chica con la que estabas? ¿Cuál era su nombre? ¿Verónica, Karolina, Jessica…?

—Digamos que ningún buen libro escapa de tener final —respondí.

—Oh. Lo siento. ¿Desde cuándo…?

—Hoy se cumplen tres meses.

Abel no dijo nada.

—Vaya, se veían tan bien, hombre…

Me encogí de hombros. Abel se limitó a observar a la ciudad a través del cristal de la terraza. Gente caminando, con o sin prisa. Gente hablando o en silencio. Gente y más gente.

—¿Te imaginas que las historias se cuenten de atrás para adelante? —preguntó.

Me volví para mirarlo. Abel parecía hablar en serio.

—Creo que no te entiendo.

—Piénsalo. Comienzas contando el final trágico y, luego, a medida que transcurren los hechos, todo se desenvuelve hasta llegar al principio. Las consecuencias de cualquier cosa que hubieras hecho o dejado de hacer ya no importan, porque las pagaste antes de hacerlas, y en ese sentido, la recompensa vendría después del castigo. Claro que tiene sus contras. Por ejemplo, las personas que alguna vez conociste, ahora ignorarán tu existencia.

Me quedé pensando durante un instante sobre lo que acababa de decirme. Abel sostenía un bolillo entre los dedos al que, de vez en cuando, mordisqueaba.

—No me hagas caso. Cuando tengo hambre divago tonterías.

Pero no sólo le hice caso, sino que aquella lógica enrevesada me dejó pensando durante varios días. Supongo que, cuando uno tienta el final, se deja arrastrar por el vértigo y ve su historia ya terminada, piensa en enmendar ciertos errores pasados para evitar ese final. Pero lo que Abel me había sugerido iba más allá. ¿Y si, en lugar de desear regresar al pasado para hacer las cosas bien con Erika, deseo mejor nunca haberla conocido? Que el inicio de nuestra historia sea su partida, que el nudo sea el tiempo que pasamos junto y que el desenlace sea aquel día en que nos conocimos. El final sería más sobrellevable, ¿o no?

Aquel día regresé a casa dando un paseo. Las plazas, los restaurantes a los que alguna vez había ido con Erika continuaban con su rutinario ajetreo, totalmente indiferentes a las historias que hay más allá de sus puertas. Casi puedo decir que es un tanto doloroso. Siempre será difícil aceptar que, aunque el mundo se nos caiga encima, todo lo demás continúa con su habitual transcurso. Si muere un empleado, la empresa lo reemplaza y la producción continúa; si las parejas rompen, los cafés continúan abriendo sus puertas a otras parejas que probablemente romperán después. Nada cambia, nada se detiene. Las historias personales son apenas una gota de agua a la deriva en la corriente de las circunstancias. Sólo cambia el modo en que vemos las cosas. Y es que, aunque Erika se hubiera ido, yo todavía podía percibir su ausencia impregnando cada rincón de la ciudad y en cada paso que daba, como una sombra persiguiéndome, como una nube que sólo descarga su lluvia sobre mi cabeza.

Cuando llegué a casa abrí las ventanas de par en par y dejé que el viento helado inundara la habitación. La ciudad se presentaba como un espejismo de edificios, calles y luces infinitas hasta donde daba la vista. La idea de las historias que empiezan en el final y terminan en el principio no dejaba de darme vueltas en la cabeza. Era una idea absurda y en la praxis imposible, pero no dejaba de ser atractiva. Luego, pensando bien en lo que conllevaba que una historia termine cuando las dos personas se conocen, llegué a la conclusión de que tampoco sonaba tan alentador, pues, si las dos personas son totalmente conscientes de lo que ocurre, no dudaría en que terminarían echándose de menos. ¿Por qué alejarse cuando la magia del inicio, del primer acercamiento, apenas está surgiendo? ¿Acaso, después de lo que vivieron juntos, por muy doloroso que hubiera sido, no querrían hacer lo posible para sobrellevarlo, sobre todo después de haber sentido de nuevo la magia de la primera ilusión? Separarse en esas circunstancias parecía más cruel que hacerlo cuando la tara de la rutina y la costumbre han acabado con las ganas de seguir intentándolo.

Esa idea no me dejó dormir, y supe que tenía que escribir sobre ella. Eché un vistazo a mi máquina de escribir, que yacía en la penumbra, brillando, como si esperara que me reconciliara con nuestras rutinas nocturnas de escrituras hasta el alba. Me incorporé de la cama y acaricié sus teclas. Desde que Erika se había marchado no la había vuelto a usar, no sólo porque me sentía incapaz de componer una sola frase, sino porque toda la escritura que había producido tenía como inspiración su estancia en mi vida, y ahora que no estaba, todo lo que giraba en torno a ella ya no tenía razón ni sentido. Temí que, si me aventuraba a escribir, no iba a ser capaz de plasmar una sola palabra.

—Hola, vieja amiga —dije—. Perdona por el abandono.

Aquella noche me senté al escritorio y me puse a pensar, a tejer imágenes y tratar de dotarlas de palabras. Conjuré una sombra de nostalgia, un augurio de inspiración, un nombre, un sentimiento, un recuerdo, y la idea de que exista la posibilidad de que una historia se cuente de atrás para adelante. Poco a poco, como guiado por una voz inaudible, mis dedos comenzaron a teclear y, cuando me di cuenta, ya había compuesto un párrafo. Continué con aquel atisbo de inspiración y puse en marcha todas las ideas que era capaz de concebir. No me detuve a pensar, a analizar, a corregir. Simplemente di rienda suelta a esas ganas que tenía por poder poner en orden todas las ideas que en aquel momento me sobrevolaban la cabeza.

El alba me sorprendió poniendo punto y final al quinto texto que redactaba esa noche. Con tantas horas por delante, me había ocupado de analizar y corregir con calma, con el silencio nocturno roto por el ruido de las teclas como única compañía.

«Tal vez nunca leas esto, Erika —dije, contemplando la última página que acababa de extraer de la máquina—, pero es lo más sincero que he escrito para ti».

La luz mortecina de la mañana ingresaba a través de las cortinas. Dejé los pliegos sobre la mesa y me fui a dormir.

En aquella ocasión, volví a soñar con Erika.

ABSTRACTA TANGIBILIDAD

***

RELATOS

LA FELICIDAD PERSONIFICADA

Aquel día estaba preciosa. Yo el amor lo he soñado más que vivido, pero la vida, en su infinito aval de absurdos ideales, me mostró muchas maneras de encontrar la felicidad, y una de ellas fue cuando me la presentó en carne y hueso. «No sabía que el amor sonriera tan bonito», pensé al verla. Y aunque ella era hermosa físicamente, lo que más me gustó fue su forma de ser. Nunca conocí una chica más callada. Recuerdo haberla llevado a caminar y a tomarnos un café al frente de la Plaza en la que tuve la suerte de conocerla. Cuando la cogí de la mano sentí que el destino me había dado el mejor regalo de mi vida. Pero, debo decirlo, tuvo que pasar mucho tiempo antes de que decidiera por fin decirle que la quería.

—Cuando se quiere de verdad, el cielo parece un escalón, y yo quiero subir toda la escalera contigo —le dije.

Ella sonrió y nos quedamos un largo rato mirándonos.

—Cuando se quiere de verdad, se demuestra —contestó.

Me callé. Ella correspondió mi silencio con un beso. No recuerdo haber volado tan alto como en ese día. Volvimos a la cafetería tiempo después. De fondo la canción se escuchaba tenue, como un susurro, y en el silencio de nuestra mirada nos pasamos la tarde contemplándonos como si hubiese algo en nosotros que no dejaba de llamarnos la atención.

Después comenzó a hablarme. Y al escucharla… era increíble. Su personalidad introvertida y silenciosa se desvaneció por un instante, pues cuando hablaba parecía que tuviese todo un universo en su interior. Mientras más tiempo pasaba con ella, más me convencía de que sus palabras eran todo lo que había querido escuchar en mi vida.

Quizá sea por eso que terminé encerrándola por completo en mi mente. Por las noches la rescataba e imaginaba que su voz ahuyentaba mi soledad. Desde entonces no he conocido un refugio más bonito que su cuerpo, ni una sonrisa más sincera que la de sus ojos. Hoy nos seguimos viendo y puedo jurar que de cierta forma el cariño permanece. Ese susurro del amor cuando te dice que todo va bien es una sensación placentera incomparable.

SOBRE LA SOLTERÍA

—Hablemos de la soltería, ¿te parece? —ofreció.

Había estado leyendo un libro delante de la ventana, pero lo aparté a un lado y lo deposité en una mesa pequeña que había cerca de mí, y me volví para mirarla. Disfrutaba tanto de su compañía, que incluso su silencio resultaba una especie de terapia a la mala jornada de mi rutina diaria. Fue entonces que me dejé llevar por sus labios y mis ojos resbalaron por su cuello. Sin tiempo para detenerme a pensar en lo que hacía, mi imaginación ya había volado no sé cuántos kilómetros, pero luego recordé lo que me había preguntado y sacudí la cabeza como si hubiese despertado sutilmente de un sueño.

—Claro, como gustes.

—Está bien, te haré una pregunta sencilla de responder: ¿por qué estás soltero? Me consta que hay más de una chica echándote ojo, pero te empeñas en estar solo.

Ella era la mejor amiga que alguien pudiera desear en el mundo. Había compartido con ella tantas cosas, tantos ratos, que a veces llegaba a casa y pasaba la tarde conmigo, mirando películas o escuchando canciones, hablando de cosas que la mayoría de veces descubríamos que no tenían sentido. Supongo que mintió con eso de que la pregunta fuera fácil de contestar. De momento, sólo sonreí y miré por la ventana como buscando la respuesta en alguna parte de la ciudad, o como si estuviera intentando huir de las consecuencias de dar una respuesta sincera, aunque sea por un instante. No quería herirla. No era la primera vez que sacaba el tema a flote. Suspiré y pensé un instante qué decir. Mi plan era darle una respuesta asertiva, pero lo que salió de mi boca fue más sincero de lo que había deseado que fuera.

—Creo que es simplemente porque quiero escapar de la responsabilidad que conlleva tener una relación, ¿sabes? Pienso que no soy bueno para esas cosas. Si tuviera una novia, no la haría feliz aunque de verdad la quisiera. Quiero evitarme la presión de buscar la felicidad de alguien antes de encontrar la mía. Si soy feliz, puedo hacer feliz a alguien más, ¿comprendes? Tengo muchos planes y tantas cosas por hacer y de las que disfrutar, que ahora una relación me sería una especie de impedimento. Las lectoras pueden esperar. Para mí no son tan importantes —contesté.

Me sentí, de pronto, terriblemente cansado. Era la primera vez que le decía a alguien algo como eso.

—La felicidad es efímera —empezó—. Creo que es algo que hay que asumir. Si de verdad quieres a alguien, buscarás su felicidad antes que la tuya, de eso se trata el amor. Tal vez ignoras el verdadero sentido de lo que es amar y por eso tienes miedo.

—Yo no dije que tuviera miedo —rebatí.

Llegados a este punto, mi tono de voz sonaba más defensivo de lo que intentaba que pareciera.

—Dime que no lo tienes —dijo, blandiendo una sonrisa y levantando una ceja.

Tardé un minuto en contestar.

—Está bien. Sí, temo a salir lastimado. Me he cansado de sufrir, pero ese es otro tema. Además, aquí hay otra cuestión y creo que no hace falta ser demasiado específicos al respecto. Una chica tan agraciada como tú debe tener más de un pretendiente jugándosela por una oportunidad contigo. ¿Por qué sigues soltera?

Se quedó en silencio un momento.

Supuse que nuestros casos no eran tan distintos y me compadecí.

Nuestros ojos se encontraron más de una vez, su sonrisa apareciendo y esfumándose breves instantes después.

Finalmente, cuando parecía tener la respuesta, se aclaró la voz antes de hablar.

—Estoy soltera porque tú quieres estar soltero —contestó con firmeza.

NO TODOS PUEDEN SER FELICES

Hubiera sido una despedida bonita si no hubieran derramado tantas lágrimas o, al menos, si esas lágrimas no hubieran sido producto de una desesperación demasiado triste. Las coincidencias son dolorosas cuando la tristeza se entrelaza con un destino para el que tenías planes bonitos. Es triste cuando la nostalgia visita el corazón de un par de personas que se quisieron y que ya no están juntas. Tal vez la vida no está hecha para ser disfrutada de acuerdo a los planes que hacemos, quizá posea ciertas normas invisibles que se han mantenido rígidas a través del tiempo y que son imposibles de quebrantar por mucho que existan buenas intenciones de por medio.

Lástima que no todos pueden ser felices, como ellos, que hace mucho que se despidieron y aún se siguen atisbando por la ventana empañada de lluvia, sin querer olvidarse, porque sus almas todavía se llaman y a diario han aprendido muchas maneras de echarse de menos en medio de sonrisas fingidas que se convierten en llanto al no encontrarse al lado del otro cuando cae la noche.

Se dice que ambos se quieren, pero por alguna extraña razón que ni ellos pueden entender, no son capaces de saludarse aun cuando se cruzan. Él la mira de lejos mientras ella está distraída, y ella vuelve su vista en el momento en que él mira a otro lado. Están perdidos y seguir en la ruta por la que ya van sólo les hará perder el control de sus decisiones al pensar que van por el camino correcto. Duele cuando dos corazones se separan en contra de su voluntad y el recuerdo se convierte en una marca indeleble que amenaza con llenar sus vidas de un eterno vacío.

Duele ver cómo es que las lágrimas son el pan de cada día.

Duele ver cómo es que son incapaces de saciar el descanso de su inagotable intento por olvidarse. Es que es casi imposible. Cuando hubo tanto sentimiento, tantas ganas, tantos sueños, el olvido se convierte en un reto insuperable.

AQUELLA PISTA DE BAILE

Siempre odié esa pista de baile. Todo comenzó aquella noche en la que estuvimos juntos sin imaginar que todo acabaría más rápido de lo que comenzó. Era época de invierno y ambos utilizamos el baile para sentir un poco de tibieza. Poco después la volví a ver. Ahí mismo. Ella vino sólo para despedirse y desde entonces no he vuelto a ese lugar, ni a escuchar esa canción que dirigió nuestros pasos al compás de la melodía suave con la que se supone que pasa el tiempo.

Yo la vi sonreír más de una vez, y probar de sus labios me hizo entender que existen placeres que aún no se descubren. Esa noche fue la última vez que hablamos. Y no he podido olvidar su nombre. Hay recuerdos que a uno le gusta conservar por más daño que implique hacerlo. Después de eso ella dejó de frecuentar nuestras citas y no contestó más mis llamadas. Algunas veces pienso que la razón de tanta distancia es que por más cercanía que tuvimos nunca logramos concretar un lazo de confianza en el que nos sintamos seguros. O al menos ella. La vida desde entonces perdió sentido.

El silencio de una habitación perpetuaba las noches en vela, y evidenciaba que aun en la distancia uno puede llegar a querer tanto como si no existiera nada que lo impidiera. Me pregunto si habrá alguna razón para volver a creer que el cielo me sonríe, si hasta la luna se esconde y las estrellas se apagaron cuando ella cerró los ojos para nunca más volver a verme. Luego el tiempo pasó como tenía que pasar después del desastre: supuestamente para remediarlo todo —una falsa promesa disfrazada de un bonito futuro—. Como su sonrisa, que tiempo después me di cuenta de que siempre había sido fingida. Así fue como odié una simple canción, y no porque no complaciera mis gustos, sino por los recuerdos que traía consigo. Yo no la he superado. Lo digo en serio. Todavía lloro cuando cierro los ojos, porque ella aún vive ahí, en ese lugar donde la «nada» se convierte en una esperanza inútil.

LA PRÓXIMA VEZ QUE NOS VEAMOS

«Quiero ignorarte para que te des cuenta de mi existencia», susurró. Aquel día las nubes rompían en lágrimas y se sumían en un crepúsculo gris. Me quedé en silencio, contemplando a la rosa más linda del jardín sacándose los pétalos uno a uno, quebrando así su hermosura para entregársela a quien evidentemente no la merecía y que era tan efímero como su tristeza. «Pero no, eso no va conmigo —agregó al instante y comenzó a secarse las lágrimas que la habían traicionado—. Yo te quiero, aunque mi orgullo me persuada a lo contrario».

En su intento de calmarse esbozó un movimiento torpe que la delató confundida, de no saber si huir o refugiarse en un abrazo. Aun así, con esa inseguridad, la tomé de la mano y la atraje hacia mi pecho con extrema delicadeza. La besé en la frente, y en silencio dejé que una tormenta se despertara en el interior de nosotros. Las gotas de lluvia colisionaban sobre ambos y, en medio de todo, sólo seguimos abrazándonos. Parecía que moriríamos esa tarde. Mientras la abrazaba me di cuenta de que mi cariño aún no había menguado, y quise retenerlo para entregarle a ella lo que quedaba. La abracé más fuerte hasta que el mundo llegó a parecerme un estorbo.

No he podido olvidar sus palabras ni su mirada triste que disimulaba con una sonrisa. «Te quiero», le dije, y fue lo último que salió de mi boca hasta que la lluvia por fin terminó y caminamos de vuelta a casa. Desde entonces no he tenido casualidades más tristes y sentimentales. Cuando uno se acostumbra a ser ignorado, tiende a menospreciar al resto, y ese es el error, porque no todos lo ignoran a uno, y a esas personas es a quienes más daño terminamos haciendo.

Comprendí que mi cariño se había vuelto ajeno a todos porque pensé que todos eran ajenos a mí.

Al volver mi vista hacia el pasado pude entender que aun en medio de un caos que amenazaba con exterminarme podía encontrar personas que estarían dispuestas a salvarme. Esa tarde fijé un umbral entre el ayer y el mañana; el trayecto del hoy iba a ser decisivo para lo que pudiese ocurrir como consecuencia de lo que había hecho antes.

Aquel día, si mal no recuerdo, la despedí con un beso inocente en una de sus mejillas. No hablamos mucho. Terminamos empapados, con ganas de volver a vernos, y me prometí darles un giro a las cosas. Ese día lloró de angustia, la próxima vez que nos veamos habrá de llorar de felicidad.

ELLA ESTÁ EN SUS MANOS

Había razones para creer que todo iba a ser diferente. Muchas cosas cambiaron e incluso se dejaron de lado ciertos malos hábitos. Con el tiempo las circunstancias fluyeron con cierta benevolencia; los roces se evitaron. Todo marchaba bien y ambos decidieron dejarse llevar por esa aventura que iba a unirlos.

Yo les observaba de lejos, y llegué a pensar que no había pareja en el mundo más feliz y afortunada que ellos. No había una sola tarde en que no salieran aun para dar una pequeña caminata, tomados de la mano, ni noche en que él no la sorprendiera, siempre con un detalle distinto. Era como tener frente a mis ojos un futuro con el que había soñado y que nunca iba a ser para mí.

Ha pasado mucho tiempo y no he vuelto a verlos. He oído que están viviendo en una casa de ensueño que él adquirió con el sueldo prometedor de una empresa. Me agrada saberlos felices, cumpliendo ambos ese plan de estar juntos. Nunca llegué a pensar lo mucho que llegarían a quererse cuando los presenté, pero la vida da muchas sorpresas que no sería exagerado decir que el camino está lleno de ellas.

Aprendí la lección muy tarde, cuando entendí que si no valoraba lo que tenía tarde o temprano terminaría perdiéndolo todo. Como a ella. Como a él. Comprendí también que la amistad puede convertirse en amor con el tiempo, y no hablo de un orden cronológico prestablecido, hablo del espacio que se dedica a fortalecer una relación, a ese tiempo que alimenta el sentimiento y poco a poco lo hace evolucionar. Un tiempo que ayuda a comprender que nada es imposible. He llegado a extrañarla, pero también me reconforta el hecho de que esté con él, y que pueda recibir lo que yo nunca le di o no pude llegar a darle. A veces un amigo se convierte en el mejor lugar para guardar un tesoro. Y hoy soy feliz al saber que ella está en sus manos. No podía haber elegido a alguien mejor.

UNA SOMBRA SIN NOMBRE

Exhaló un aire frío, de esos que asfixian. El invierno parecía haberle ofrecido su abrigo de por vida. A solas, añora con nostalgia aquella primavera y espera ansioso su llegada. El cielo opaco le dice que el tiempo se alarga y mientras tanto suspira, recordando, volviendo en el tiempo, buscando una señal que le diga adónde pertenece en realidad. La escarcha le cubría el rostro. Una luz mortecina que se filtraba entre las nubes proyectó su sombra hacia delante. Levantó la mirada, las aves solitarias eran la única compañía que le quedaba.

En su interior estaban las guerras, el odio y las cicatrices incurables que le indujeron a tomar decisiones de las que ahora se arrepiente. El hedor que provocaban esos recuerdos le hizo notar que existe un aroma en el mundo del que jamás podrá librarse. Cuando uno es preso de sus pensamientos, lo sigue siendo hasta el final o hasta que sepa controlar su propia cárcel. Una de las pocas ventajas de la vida es que se puede respirar aun si las ganas ya no existen. Y para entonces ya no tenía ganas y se preguntó si alguna vez las tuvo.

Su mundo quedó reducido a una peculiar lluvia de nieve que caía perezosamente desde el cielo. Sonrió, se frotó los ojos, tomó un puñado de aquella escarcha brillante y la contempló unos segundos. Momentos más tarde sopló con fuerza y la vio esparcirse por el aire como polvo rociado.

Aquel polvo brillante se llevó parte de su mundo. Se quedó allí, preguntándose cómo era posible respirar tanta tranquilidad mientras el mundo de muchos se desmoronaba a su espalda como la nieve. Exhaló un aire frío y se dispuso a retomar el camino de regreso. Sus pasos dejaban huellas que la nieve no tardaba en tapar. Una silueta más perdida entre la magia adormecedora del invierno, una sombra sin nombre ni pasado vagando sin rumbo por las calles escarchadas, llevando consigo el aliento de una maldición tatuada en su alma.

OJALÁ TE ACUERDES

Ojalá te acuerdes de aquel día que no tuvo nombre, de las calles invisibles flanqueadas de albergues para personas tristes de paso. Ojalá te acuerdes de que solíamos tomar la misma ruta caminando, como un par de prometidos, por esas avenidas que embrujaron nuestros sueños para siempre. Ojalá te acuerdes de las promesas y de los gestos que sellaron un momento mágico, uno de esos que al recordarlos sientes estar tocando el cielo con las manos o, aún mejor, que el cielo te está tocando a ti. Todavía, al cerrar los ojos, puedo verte sonreír, como una de esas flores bonitas que renacen en cada primavera.

Claro que el cielo estaba nublado ese día, pero si algo tenía que desprenderse no sólo era lluvia, sino ese miedo que nos distanció tantos inviernos y nos hizo pensar que nunca se quiere más allá de las oportunidades. Cuántos abrazos hemos perdido por culpa de nosotros mismos, del hecho de no atrevernos a cerrar de una buena vez nuestras dudas y arriesgarnos a ser felices. Aquel día, por cierto, te veías preciosa. Sabes que tienes esa particularidad que encanta y que, si pudieras notarlo, lo más seguro es que termines enamorándote de ti misma. Y quién soy yo para no darme cuenta de eso, si desde que te vi por primera vez no quise mirar a otro lugar donde no se encontrara tu sonrisa.

Aquel día el cielo se desprendía en una cortina de lluvia mientras yo pensaba en un pretexto para volver a verte. Sabía entonces que el tiempo se acortaba y que, aunque hubiera tanto cariño de por medio, nada lo detendría. Sabía que tarde o temprano terminaría solo, mirando desde el balcón las siluetas de personas que recorren los caminos acosados por un frío que jamás les había sonreído. Y que para entonces mi única preocupación sería escribirte.

Sabía yo que tendrías que despedirte para ir a casa a continuar con tu vida al margen de la mía. Y quizá para entonces sólo tendríamos en común las largas horas que pasamos a la deriva del tiempo creando finales felices a historias que nunca comenzaron. Lo triste es que algunas historias no tienen finales aun mereciéndolos, y lo peor es que la nuestra jamás podrá comenzar a pesar de prometer tanto, quizá demasiado para un par de locos que del amor ya no esperaban nada más que recuerdos llenos de nostalgia. Pero tenía que aceptarlo, tal vez por el hecho de que cada sueño termina siendo sólo eso: el espacio breve de una fantasía que no verá la luz más allá de mi mente. O tal vez por ese maldito deseo de no fracasar de nuevo. Lo cierto es que, a veces, cuando me pongo a pensar en todo esto me pregunto si acaso la causa de mi martirio sea yo mismo y mis indecisiones. Mis miedos. Mi cobardía.

Esa tarde, mientras tú estabas mirando la lluvia tras los cristales, yo le puse tu nombre a aquel día en que me enamoré de la incertidumbre. El reloj quedó paralizado y una extraña certeza de que en ese momento estabas pensando en mí se me cruzó por la mente. Reí de mi ingenuidad y reconté cada paso que dimos por esa calle solitaria, la misma en la que, sin que nos hayamos dado cuenta, dejamos ir otra historia sin personajes ni más autor que la casualidad, donde cada segundo contaba, quizá, un relato que nadie más que nosotros alcanzaría a recordar tiempo después, cuando ya las oportunidades cabalgaron a otras estadías con residentes tal vez un poco más valientes. Y ojalá que te acuerdes de la lluvia, de las risas, de ese sueño que nos prometió tanto y terminó sin cumplirnos nada.

CUANDO EL CIELO LLORA

La última vez que miré tras la ventana el crepúsculo me recordó los días de aquel otoño en que decidimos ser nosotros mismos. Las largas horas que pasamos juntos sólo podían significar el augurio de ese cielo aterciopelado que crece en el interior de un par de ilusos que piensan que del amor lo saben todo. Es de esas historias que nunca le conté a nadie, de esas historias que se atesoran en el corazón de manera indefinida.

Si mal no recuerdo, regresábamos de una de esas incontables caminatas por barrios desconocidos, buscando pretextos para quedarnos y conversar de temas que sólo nosotros éramos capaces de comprender. Las nubes destilaban lágrimas de plata al tiempo que cubrían el cielo confiriéndole el aspecto de una lápida gris. El aire era gélido y nosotros, por cierto, ignorábamos que pronto nuestra vida cambiaría en un breve espacio de dos horas al ver las calles que palidecían bajo aquel hechizo de la lluvia. Como venas desangrándose, el agua corría entre los resquicios del suelo bajo nuestros pies mientras jugábamos con las gotas sintiendo que el frío comenzaba a formar parte de nosotros. Llegamos casi sin darnos cuenta a un edificio que prometía un refugio apacible y, sin pensarlo dos veces, nos adentramos en aquel palacio de piedra que daba la impresión de estar abandonado.

El interior nos complacía con un ambiente tibio y entre las tinieblas que reinaban en lugar, sorteamos a tientas corredores y salones. Tomé tu mano en la oscuridad y te escuché reír. Nuestras ropas empapadas dejaban un rastro sangrante que brillaba por la débil luminosidad que provenía de algún tragaluz y nuestros zapatos, llenos de agua, producían un sonido viscoso al andar.

Traías contigo la magia y esa parsimonia que hacía pensar en el mundo como un lugar maravilloso, un lugar en donde todo es posible, un lugar de promesas que se cumplen.

—Te quiero —murmuré.

Un profundo silencio medió entre nosotros. Comenzaba a arrepentirme de habértelo dicho tras tantos meses de silencio cobarde, cuando te escuché decir:

—También te quiero.

Lo que siguió después lo recuerdan a la perfección nuestros labios que, entre tímidos movimientos, tuvieron a bien conocerse. Subimos a una habitación en el segundo piso que tenía salida a un balcón desde el que se podía apreciar toda la ciudad. Recostados en la baranda, vimos las calles desiertas y cubiertas por el temporal. Estaba yo perdido en mis pensamientos cuando sentí en mi hombro tu cabeza recostarse. Te abracé y dejé que mis dedos juguetearan con tu cabello.

—¿Alguna vez has pensado en que las gotas que caen no son simplemente agua, sino, lágrimas del cielo? —te oí susurrar.

—No. Pero, ¿por qué el cielo lloraría?

—Sólo imagínatelo.

Te miré sin comprender. Eludiste las mil y un preguntas que se formulaban en mi mente con un beso. Lentamente, guiados por una voz inaudible, fuimos sumiéndonos al encanto del momento. Mi pulso comenzó a agitarse y tu cuerpo, manteniendo su luminosidad, me guio al interior. No estoy seguro, pero creo que aquella tarde morí un poquito. Al cabo de un tiempo que me pareció infinito, me rendí al cansancio y, recostado en tu pecho, el último pensamiento que me abordó fue que jamás en mi vida me había sentido tan afortunado.

Desperté con la sensación de haber dormido por cien años. La lluvia apenas había bajado la guardia y supe que aquella jornada húmeda, de vapor y cristal, apenas estaba comenzando y prometía ir para rato. Me recosté de nuevo y sentí en mi cabeza el contacto suave de la almohada. Sólo entonces me di cuenta de que estaba solo. Me incorporé y me arrastré hasta el balcón. No había señales tuyas por ninguna parte. Bajé al primer piso y busqué en las habitaciones con la esperanza de encontrarte. Nada. Volví a la recámara, con la mirada perdida en ninguna parte. La luz mortecina que ingresaba por la ventana del balcón iluminó el velador junto al lecho, donde advertí un brillo parpadeante. Tardé en darme cuenta de que se trataba de una fotografía. Me acerqué lentamente. Cuando la tuve en mis manos, pude apreciar tu sonrisa dentro de ella y, al dorso, una nota con tu caligrafía limpia y llena de luz:

Cuando el cielo llora, es porque quiere que tú sonrías.
Te quiero.

Las últimas luces del día se extendían en el horizonte sobre el que se recortaban las siluetas de los edificios que vieron nuestras caminatas. Apenas llovía ya. Desde el balcón miraba las bocas de los callejones esperando verte emerger de alguna parte. Luego, con la certeza de que no volverías, volví mi vista hacia el interior de la habitación. La soledad del vestíbulo me parecía ahora más tenebrosa y amenazadora. Se me estaba haciendo tarde y sabía que tenía que salir de ahí, contigo o sin ti. Me adentré nuevamente y, a ciegas, ubiqué la puerta, el corredor, las escaleras, y en un par de minutos estaba en la calle.

Oscurecía ya cuando abandoné aquel edificio. Los tejados sangraban gotas de agua negra y el eco de la lluvia se negaba a desaparecer. Caminé sin prisa sintiendo que mi pecho se encogía en un puño de angustia. Te estaba echando de menos. Y mucho. Aquel contacto con la realidad dolía. Llegué a casa arrastrando el alma y las ganas que tenía de abrazarte. Subí a mi habitación y me detuve en la ventana a observar nuevamente la ciudad, esta vez, cubriéndose por el velo oscuro que tendía la noche. Escribí tu nombre en el cristal y en algún momento me pareció ver una nube de humo blanco que se contrastaba en la distancia, ascendiendo al cielo. Sin prestar atención al incidente, palpé en mi bolsillo. Encontré tu foto y tuve una rara mezcla de sensaciones entre satisfacción y decepción. Luego, me eché a dormir.

Han pasado dos largos años desde aquel día en que te vi por última vez. Las horas fueron acortándose y cualquier rastro que pudo haberme llevado hasta ti desapareció de mi vida por razones que todavía no entiendo. Espero que no te olvides de aquel chico al que le robaste, tal vez sin darte cuenta, el sueño por las noches, y un millón de suspiros en menos de una hora.

Quiero que sepas que todavía conservo la fotografía que me dejaste en aquella casa ajena y desconocida. En estos últimos días se me ocurrió dar un paseo por aquel sitio. Te sorprendería saber que en lugar de la casa en la que nos refugiamos esa tarde se levanta ahora una montaña de ruinas. Preguntando a algunos vecinos di con que aquella casa había sido pasto del fuego que se desató hacía por lo menos dos años cuando, luego de una lluvia torrencial que había azotado a la ciudad durante todo el día, la casa quedó a merced de un corto circuito provocado por el agua filtrada en sus interiores eléctricos cuando llegó la noche. Claro que nada de eso importa ya.

Luego de que te fuiste, no he decidido si habría sido mejor haberme quedado a morir con ese incendio o si hice bien en salir para morir de a poco. Aunque, si hablamos de muertes, yo desde hace mucho que no estoy vivo, o al menos, no me siento así desde el momento en que te esfumaste de mi vida para siempre.

A veces me pongo a pensar en lo que me dijiste, en eso de que, si el cielo lloraba, era para que yo sonriera, y concluyo en que es mentira. He visto al cielo llorar en otros otoños y en ninguno he sonreído, quizá porque te extraño o tal vez porque cargar con un momento bonito en el recuerdo me parece una idea absurda al no entender las razones que hicieron que te marcharas. Aquella noche, por cierto, antes de dormir, eché un vistazo al cristal de mi ventana y vi tu nombre desdibujarse con la lluvia. Al cabo de unos minutos, la ventana se llenó de vaho, y la vi como si se hubiese convertido en un lienzo transparente. Fue entonces que aproveché para escribir una palabra en la que quise resumir todo ese deseo que no me había abandonado tras horas y horas de ausencia: «Vuelve».

El tiempo se encargará de inmortalizarnos y guardar en alguna parte de sus planes un espacio para nosotros. Un espacio que teníamos reservado mucho antes de conocernos. Un espacio donde, aun sin que haya necesidad de ver llorar al cielo, las sonrisas no se apartarán de nuestro rostro. En ese espacio, querida, es donde te encontraré después de tanto tiempo. No he dejado de quererte ni de pensar en que pudimos haber llegado un poquito más lejos. Pero te prometo que volveremos a caminar juntos, como un par de prometidos. Todavía me quedan sonrisas si no veo al cielo de tus ojos llorar. Y hasta entonces, trataré de ser feliz con la esperanza de que, dondequiera que te encuentres ahora mismo, tú también te acuerdes de mí.

TODAVÍA QUEDAN SERES HUMANOS

{21 – 02 - 15}

Hoy pasaron cosas bonitas. No digo bonitas para dar a entender que, a cualquiera que se las contara, moriría de envidia, sino por esa sensación que dejaron, una sensación de suficiencia, en la que se puede enmarcar la belleza particular que poseen las cosas simples. Esta tarde terminé de leer un libro y, pues, como ya es costumbre, lloré al final. Todavía no logro entender si fue porque en verdad era bueno o porque no volveré a leer otro capítulo como los que había en él en toda mi vida, aunque creo que viene en el mismo paquete. Lo cierto es que no volveré a percibir las cosas de la misma manera nunca más. Creo que para que un libro sea bueno, el autor debe lograr eso: influir, cambiar cosas. Sucedió también que mientras leía, una chica abrió el puesto de información turística que estaba al frente de donde me había ubicado. Cada vez cambian de empleados y esta vez le tocó a ella. Era muy guapa o, mejor dicho, es. La miraba de reojo, como lo hace alguien que planea una meta grande pero siente miedo de realizarla.

A mi lado había un hombre ciego que tenía un talento fenomenal para el canto. Había puesto su parlante con batería y cantaba logrando que muchos formaran un ruedo para oírlo y admirarlo. Un par de turistas mochileros, de esos que hacen collares o pendientes para venderlos y sobrevivir, lo vieron. Y, al parecer, no tenían dinero para depositar en el frasco que el cantante había dispuesto sobre su parlante, pero llevaban fruta. Y le dieron fruta. Y el artista quedó muy agradecido. Cosas como esas me encienden de nuevo ese pensamiento de que quizá no todo el mundo es malo, que todavía existen quienes son capaces de dar lo que tienen por voluntad, con una sencillez admirable. Sé que son detalles, pero de detalles están hechas las cosas grandes. De pequeños fragmentos estamos hechos todos. Y somos grandes, al menos lo suficiente para demostrar que podemos ser superiores a nuestra desidia y desinterés por el bienestar de otros.

El mundo a veces me resulta un laberinto cuadrilátero con una puerta de acceso por lado. Yo no sé por cuál cara miro al cubo, ni me he preocupado por ello. Pero sé que estoy cruzando sus túneles imposibles. Y descubro otras salidas, otras puertas, otras perspectivas y eso me parece bonito. Sé que hay más esquinas por las que tendré que doblar el camino pero hasta encontrarlas seré paciente y disfrutaré del viaje, que me parece una odisea. Quizá las cosas mejoren, o si no lo hacen, al menos tengo ya la esperanza de que mejorarán pronto. Porque todavía queda amor en el mundo. Porque todavía quedan seres humanos.

27 | 02 | 15

Hoy la vi, y sé que, aunque fue en sólo una fracción de segundo, ella también logró reconocerme. Estoy a punto de contarles algo que, a simple vista, resulta trillado, pero las cosas nunca se perciben de la misma manera mirándolas desde los ojos del protagonista. Yo soy el protagonista. Ustedes los espectadores. Permítanme transportarlos al momento en que sucedió esto:

En mi mundo toda esperanza es, casi siempre, la razón por la que dejo de confiar en algo o alguien. Las circunstancias que se habían entrecruzado en mi vida, y más en este día de febrero, me han abierto una perspectiva del mundo que me convenció de dejar al amor a riendas sueltas para algún ingenuo que ansía una experiencia sentimental de considerable efecto lacerante. En lo personal, ya estaba cansado del tema, al punto de cerrarle puertas a solicitudes con relación a tal embrollo y desviar la mirada de cielos color rosa que le ponen a uno en condición de daltónico romántico.

Era, pues, casi las siete de la noche, cuando pensaba en esto y consideraba las ventajas de ser un despreocupado en aquel rubro amoroso. Caminaba ignorando el paso del tiempo y de la gente sin rostro que se me cruzaba a diestra y siniestra con paso ligero. «El tiempo —pensé— es el verdugo de los impacientes». Doblé esquinas, planeando dirigirme a una librería, temiendo que para esa hora ya estuviera cerrada, y apresuré el paso con la prisa de quien tiene los minutos contados. No habría tomado en cuenta la última esquina que doblé de no ser por lo que ocurrió después. La calle era estrecha, lo suficiente apenas para un carril en la pista. Una brecha de cielo azulino separaba los techos de los edificios. La acera por la que caminaba estaba algo desierta, apenas un par de figuras se acercaban desde el otro extremo, caminando con parsimonia en dirección contraria a la mía. No fue hasta que estuve a unos escasos metros de ellas que decidí mirarlas con mayor detenimiento. Y, aunque había decidido pasar de largo con completa indiferencia, la curiosidad fue más fuerte, demostrándome que por mucha determinación con la que cargue en este transitar incierto de la vida, siempre habrá oportunidad para los pasos en falso. Dirigí mi vista a una de ellas. Me atrajo algo, un *nosequé* que la envolvía. La recorrí con los ojos, distinguí su figura curveada, su piel blanca, su talle delicado, su cuello de cisne, sus labios, sus ojos claros, y aquel cabello castaño y hondeado que le caía por los hombros desnudos. Vestía una falda que jugaba con el viento y no pude evitar encariñarme con su cuerpo, aun sin tocarlo. Intenté mirar mi propio camino pero me fue imposible. Me pareció extrañamente familiar, como si ya la hubiese visto antes, en otro lugar.

De un momento a otro, ella me miró y sonrió. Sólo entonces lo sentí. Una ráfaga de viento me invadió el pecho, aquel pecho vacío y desesperanzado, y me hizo suspirar. Me detuve en seco, temblando. Sentí mis pies clavarse en la acera, y me quedé inmóvil, esperando a que algo o alguien viniera a salvarme, pero me di cuenta de que la calle estaba vacía. Todo había sucedido en cuestión de segundos, a una velocidad inconcebible. Mi corazón latía con fuerza, como una bomba de tiempo, mientras me debatía entre volver a por ella o seguir mi rumbo. Para cuando me decidí, ya era tarde: ella doblaba la esquina con su amiga, tomadas del brazo. Bajé la mirada, buscando por dónde había caído mi valentía. Caminé arrastrando los pies, que se resistían a moverse. El ánimo y la fuerza que me habían caracterizado minutos antes estaban en retirada. En su lugar ahora habitaban el miedo y el arrepentimiento.

Maldije mi suerte, e intenté continuar. Recordé entonces su sonrisa y la ternura que la envolvía como un aura invisible. Recordé su belleza imperdonable en un mundo como el mío, una belleza radiante, una belleza ajena e inalcanzable, que dolía al mirarla. Recordé sobre todo sus ojos, cuya luz hubiera bastado para robarle el sueño a más de un infeliz como yo.

Cuando por fin comprendí lo que había ocurrido, casi di un grito en mitad de la calle. Como si toda la magia del mundo hubiera conspirado a favor nuestro, sus labios me recordaron la promesa de mantener al amor alejado de mi vida, y de lo capaz que me sentía ahora de romperla en mil pedazos si con eso conseguía estar con ella. Pero supe también algo más: que cuando pasó por mi lado tuve ganas de retenerla, de preguntarle su nombre, y si me haría el honor de acompañarla. Entendí que quería desahogarme, decirle que por ella había logrado sentir en un segundo todo lo que en casi dos años no logré sentir por nadie. Pero no quería aceptarlo. Di un paso más, y luego otro, como si con eso quisiera olvidarla, pero no, maldita sea, no podía; ella ya había calado demasiado hondo y ni siquiera lo sabía. Yo quería decírselo, pero la sola idea me aterraba. Sin embargo, debía aceptarlo porque cuando supe lo que había ocurrido ya no había marcha atrás. Todavía intentando quitarme la idea de la cabeza, reconocí que en cuestión de milésimas de segundo, lo que había ocurrido en realidad era que, por primera vez en mucho tiempo, me había enamorado.

ELLA ES FELIZ AHORA

No la conozco, a lo mucho la habré visto un par de veces en el colegio hace unos años. Solía lanzarme miradas furtivas mientras sonreía. Sabía entonces que de alguna manera tenía curiosidad por conocerme, algo me lo decía. Yo también quería conocerla y entender mejor las razones por las que no se atrevía a hablarme, quizá por esa absurda idea de que necesariamente es uno quien debe dar el primer paso. A saber. Lo que menos quería entonces —y sigo sin querer— era meterme en líos de esos que le hacen a uno tan ciego que termina por ver todo de color rosa, y por eso me limitaba a mirarla con esa máscara de indiferencia que siempre me caracterizó al mirar aquello que quería conocer pero a la vez mantener lejos.

Tiempo más tarde la vi de nuevo y por primera vez en toda mi vida logré cruzar palabras con ella, aunque sólo pude hacerlo por escrito. Es amable, simpática y alejada de esa arrogancia que por un tiempo sospeché que tenía. Me siento algo culpable. No le he dado señales de que me gustaría conocerla más de cerca. En sus fotos aparece sonriente, y supongo que también feliz. Lo cierto es que es preciosa. Diferente. Y muy tierna. Me gustaría decirle que la encuentro de lo más linda, que me gusta observar su cuerpo curveado y esa invitación que esboza al hipnotismo inmediato.

Todavía recuerdo la última vez que la vi sin el típico uniforme del colegio y supe que quería perderme en su paisaje. «Tal vez así —pensé—, pueda encontrarme conmigo mismo». El hecho es que es feliz ahora. Y yo sigo siendo el mismo cobarde de siempre.

UN FRAGMENTO DE LA VIDA DE AMBOS

Lo que más me gustaba de ella se quedó atrapado en una sonrisa que no veo hace tiempo. Voy a intentar explicarme: El día en que la conocí tuve la certeza de que sería la parte más bonita de mi vida. No recuerdo el día, sólo el lugar, que fue la sala de un cine. Las luces aún estaban encendidas y, bueno, ella había ido sola, igual que yo y que la mayoría de personas que acudían ahí para quitarse de encima el frío de un invierno que había llegado de imprevisto. Se sentó a mi lado, y una eternidad y mil gritos internos después, decidí hablarle. La película todavía no había empezado, así que a nadie le molestó que aquel par hablara y riera de vez en cuando. La invité a salir. En menos de cinco minutos estábamos en la calle. Perdimos la función pero nos ganamos a nosotros. No recuerdo una ocasión diferente en que mi corazón haya latido tan fuerte como lo hizo en aquella noche. Su sonrisa parecía la fuente de energía de la ciudad, que comenzaba a iluminarse. Me confió muchas cosas, le confié otras también. Fue como compartir un fragmento de la vida de ambos.

Hablando con ella me di cuenta de que quizá no tenía a nadie con quien hablar, y que aquel encuentro no había sido ningún accidente. Decidimos refugiarnos en un café donde, luego de un interminable intercambio de anécdotas, me armé con el poco valor que tenía y, lentamente, como si todo mi mundo estuviera forjado de cristal y pudiera romperse en cualquier momento, me acerqué a ella, y la besé. Me vi en un universo distinto: un chico que creía haber ganado toda la fortuna y que decidió olvidarse de todo lo malo que pudo haberle pasado para centrarse en aquel beso que lo inundó todo: su vida, sus sueños, sus ganas de seguir viviendo.

Lo cierto también es que todo ocurrió muy rápido. Mi reloj marcaba las doce de la noche cuando llegamos al portal de su casa tomados de la mano y la despedí con un abrazo. La miré a los ojos, y sentí vértigo. Por alguna extraña razón, a mí me gustaba ese sentimiento de adrenalina que crece en el interior cuando sabes que estás corriendo un riesgo demasiado precioso. Volví a casa dando un paseo, luego de dejarla en la puerta de la suya. Aquella noche, como era de esperarse, no pegué ojo; no tuve la necesidad. Los siguientes días los pasé al borde de una incertidumbre que llevaba su nombre. Cuando fui a buscarla se había ido. Cuando pregunté por ella nadie me dio razón. Y para cuando quise odiarla, me faltaron fuerzas.

Lo que más me gustaba de ella, su espontaneidad y su ternura, quedaron atrapados en una sonrisa que no he vuelto a ver desde que comprendí que, así como viene, el amor puede irse por la misma puerta, con las mismas ilusiones, y puede dejarte igual o peor de jodido que estabas antes de que llegara. A mí todavía me duelen las sonrisas que esbocé con ella y todas las promesas que me hice sin pensar en las consecuencias.

LA CHICA DE LA CATÁSTROFE PRECIOSA

He vuelto al inicio del camino, ahí donde un día dije: «Aquí comienza una historia diferente». Lo que en aquel momento se me olvidó pensar es que, para bien o para mal, esa historia iba a ser inolvidable, y que quizá se convertiría en la razón principal de que me encuentre hoy evocando circunstancias distintas en las que repartí toda la dignidad con la que alguien con demasiadas grietas puede cargar, que no es mucha.

De pronto me tienen intentando explicar por qué estoy mirando tan seguido a una chica. Me encuentro ahora mismo analizando las razones y, sí, soy yo y mi maldita timidez incontrolable que me roba las palabras cuando la tengo cerca y no sé qué hacer más que reírme nerviosamente y esperar a que ella corresponda mi gesto y se ría también. Dígame alguien cómo se sobrevive a la sonrisa de una mujer que se desea en silencio. Alguien trate de explicarme cómo salgo de esta encrucijada en la que me ha sumido su nombre, que no lo sé, pero que siento que será apenas el comienzo de una cadena perpetua. ¿Cuántos años tienen que pasar para superar un instante que dura segundos? Porque, vamos, no la miro detenidamente, apenas de reojo, y luego desvío la mirada antes de que se dé cuenta de que es por ella que intento reponer las piezas del rompecabezas en el que se ha convertido mi sentimentalismo.

Ella no me mueve el piso, no me hace ver al mundo de cabeza, pero cuando la veo juro que el suelo desaparece bajo mis pies y en una milésima de segundo me sorprendo a mí mismo intentando equilibrar mis emociones. Le he puesto de nombre «La chica de la catástrofe preciosa». Creo que le queda a la medida. Porque una vez que pasa tengo que levantar algunos muros que se cayeron y apilar los escombros para intentar revertir los daños. Empiezo de cero, abro las cortinas y escruto hacia el exterior para ver si se ha alejado. Sólo entonces me atrevo a salir de nuevo, consciente de que tarde o temprano pasará otra vez por aquí. Es cuando vuelvo al inicio del camino, ahí donde un día pensé: «Ojalá que la próxima vez duela menos».

Y desde entonces vengo dándole vueltas al asunto, llegando a la conclusión de que querer a alguien puede simplificar la vida de una persona a dos cuestiones: o bien decides dejar de intentarlo por haber sufrido serios efectos lacerantes, o bien se te da por convertirte en un mártir de ese sentimiento que defiendes a capa y espada y de cuyo encanto —lo supiste desde el principio— no podrás escapar jamás. Yo ya lo he decidido. Ahí viene de nuevo.

PASARELA DEL CIELO

He conocido a una chica. La estoy viendo, de hecho. Bueno, no la he conocido por completo, porque apenas cruzo palabras con ella y en realidad ni siquiera sé su nombre. Sí sé que me gustaría saberlo. Saber, también, si le gusta leer poesía, o si también odia los días en los que no sabe encontrarle explicaciones a ninguna cosa y se queda mirando al techo, con las luces apagadas, hasta que el cansancio puede más y sólo entonces duerme. No llevo muchos días de verla, con sus ojos alegres, pasear como si llevara la pasarela del cielo bajo sus pies, pero el tiempo que llevo viéndola ha sido suficiente como para saber que tengo en mis manos la decisión de enfrentar una realidad a la que le tengo miedo, o pasar de largo, como siempre, amparado en una cobardía que ya me hizo perder demasiadas oportunidades.

Quisiera reunir el valor suficiente para mirarla a los ojos y sonreírle. «Hola, soy Heber, mucho gusto». El mismo tipo que sonríe como idiota cada vez que lo miras por casualidad. No he dejado de dar vueltas alrededor de tus caderas, ni de imaginarme un mundo lejos de tu sonrisa, la misma con la que me dices, tal vez sin darte cuenta, que soy uno más en tu lista de personas que ves a diario, que no tiene nada de especial. Soy yo, y perdona si eso no es suficiente. Soy yo porque de alguna forma espero que te detengas un momento para preguntarme por qué soy tan callado, y por qué siempre te miro con ojos interrogatorios, como quien sólo llama con la mirada.

¿Ustedes también han tenido un amor de esos a los que no ven seguido, saben que no pasará nada, pero aun así se empeñan en seguir con la idea de que quizá algún día, lo que sea?

Voy a verla cada vez que tengo tiempo libre, pero de lejos, no vaya a ser que se dé cuenta de que hay un pseudo-escritor cerca que cree que su sencillez es preciosa. Llámenme anticuado ahora, pero yo todavía me fijo en una personalidad sencilla y espontánea, sincera y sin aires de superioridad. Quizá por eso ella me ha llamado la atención. Si la conocieran, o si la vieran al menos, sabrían de lo que hablo. Se darían cuenta de que cuando digo que es linda no estoy exagerando.

Todavía espero poder decirle que quiero conocerla y que no quiero que sea un amor de paso más, de esos últimos que he tenido: traspiés sentimentales. Que quiero que con ella sea diferente. Quiero que seamos algo más que dos señales de auxilio que se atoran en la garganta mucho antes de salir. Quiero que ella también quiera lo mismo. No sé si me explico. Cuando la veo sonrío y pienso: «Mi próxima cicatriz tiene una sonrisa preciosa».

***

—*Hola, soy Heber. Tengo un libro de poemas que me gustaría que leyeras. ¿Te gusta la poesía, por cierto?*

En aquel momento a ella le brillan los ojos.

—*Claro —dice—, la verdad es que sí.*

Él le entrega un pequeño libro con los textos que escribió e imprimió para ella y ambos se dirigen a un rincón del vestíbulo para ojearlo con detenimiento.

—*¿Y quién escribió esto? —pregunta la chica de pronto, tras haber leído uno de los poemas del libro.*

Él simplemente sonríe, sabiendo que la respuesta era simple: lo había escrito ella, sólo que aún no se había dado cuenta.

YA NO ESTÁ AQUÍ

La chica que conocí ya no trabaja en el mismo sitio. Hoy ocupa su lugar una entera desconocida que baila al son de la más completa indiferencia ante el tonto que ingresa al establecimiento buscando a alguien que nunca menciona. Reconozco los pasillos, las mesas, los ambientes, pero ya no soy capaz de percibir ese aroma alimonado de su presencia. Ayer pasé muy cerca de allí. Era de noche y la chica nueva conversaba con la administradora. Para las dos soy un desconocido. La única razón por la que me sentía como en casa, o al menos no como un extraño, era por la presencia de la chica que ya no está ahí.

No sé qué pasó. La chica de la catástrofe preciosa terminó por marcharse, aunque supongo que no debería sorprenderme. Hace días que no la veía. No entraba, claro; me limitaba a observarla al otro lado de la calle, a través de las cristaleras. Siempre creí que estaba ocupada y que por eso permanecía en el interior. Nunca me quedaba más del tiempo necesario. No quería que me tomasen por un loco o algo parecido. Escapaba de ella como se escapa de las personas que más deseamos en la vida. En el camino me declaraba el mayor cobarde de la historia por no aceptar que la seguía queriendo pese a que nunca habíamos concretado nada y mis dotes sentimentales se alimentaban, básicamente, de la idealización que era capaz de conjurar de ella.

¿Qué más argumento necesita uno para dejar de aferrarse a alguien? Quizá el grabarse en la cabeza que, aparte de que nunca vas a ser suficiente, tampoco vas a tener una oportunidad. Ella era como una de esas razones irrefutables de que nunca vas a obtener lo que quieres y que, pese a todo, decides ignorar —por valiente o por ingenuo—

hasta que, al final del camino, descubres que no llegaste a ninguna parte y que debiste hacer caso a la advertencia desde el principio. Es verdad que yo no he emprendido ningún camino, pero me he dado cuenta de que este, por el que transito, no promete mucho, así que decido finalizarlo antes de que sea demasiado tarde y me encuentre con otra de esas decepciones que bien pudieron evitarse.

Hoy me pregunto dónde estará. Si es feliz. Si el libro que le regalé la ayuda a recordarme y, sobre todo, si eso le sirve de algo. Sé que no, pero eso no me impide soñar e imaginar que en algún momento de su día se detiene a leer lo que he escrito sin saber que mucho de eso lo inspiró ella. Necesito saber que no va a olvidarme y que aunque se haya ido sin despedirse, no la odio. Que no la odié nunca y que no tengo razones sino para agradecerle la compañía que me hizo ocultándose en cada palabra que fluía cada vez que la recordaba. Que su sonrisa hoy es la única prueba que tengo para afirmar que la entrada al mundo de la magia sí existe, sólo que nunca me atreví a entrar. Pero estoy seguro de que allí adentro se esconde un universo precioso, lleno de todo cuanto es capaz de inspirar una mujer como ella, lleno de todo lo que afuera muchos sólo soñamos tener algún día.

La chica de la catástrofe preciosa ya no está aquí para provocar sus bonitos desórdenes emocionales, pero estoy seguro de que, donde quiera que se encuentre, sigue provocando los más peligrosos terremotos. La diferencia es que, en lugar de destruir, crea cosas bonitas. Esa es su magia. Su esencia. Nunca la conocí del todo pero estoy seguro de que nunca la voy a olvidar como a nadie. Porque ha venido para quedarse y, contrario a lo que ha ocurrido ahora, nadie va a poder reemplazarla nunca. Nadie. Nunca.

16 | 11 | 15

Hoy, mientras esperaba a una amiga en la Plaza de Armas, vi a un tipo sentado en uno de los bancos con un ramo de rosas en la mano. Lo pasé por alto, porque además de ese detalle, él estaba vestido elegantemente, de saco y corbata, como si estuviera listo para ir a un evento, como un matrimonio o algo por el estilo. Llevaba incluso mocasines relucientes y un broche plateado en la solapa. No se me ocurrió pensar en nada más que en el hipotético evento al que se estaba dirigiendo. La mañana transcurría gris, aunque no hubo lluvia. La gente pasaba de largo, ajena a la presencia de todos, como siempre había sido.

Cuando me dispuse a dar un paseo para buscar a mi amiga entre el gentío, el tipo seguía ahí, imperturbable, mirando con tranquilidad a ambos lados, buscando —según yo— al grupo con el que había quedado encontrarse. Tras dar un recorrido por la plaza, no encontré a mi amiga, así que decidí volver por el mismo camino, esta vez, ya con la curiosidad haciéndome cosquillas en la mente. Me dirigí a la plataforma donde estaban ubicadas las piletas y desde allí escruté al chico, que ahora esbozaba una leve sonrisa, seguro de sí mismo. Fue entonces que una señorita pasó delante de mí. Me quedé viéndola. Había algo en ella, además de su elegante sencillez, que me llamaba la atención. Cuando se hubo acercado al tipo que tenía el ramo de rosas, lo entendí todo. Al verla, él se puso de pie y caminó hacia ella. Por su parte, la chica, incrédula, sonrió de oreja a oreja y se acercó lentamente. Lo abrazó con delicadeza. La emoción podía verse en sus ojos brillosos. Él la rodeó con sus brazos como si todo aquel tiempo que habían estado separados le hubiera pesado en el alma. No pude evitar sonreír. «Nos honras, campeón», pensé.

Me levanté a buscar a mi amiga, que seguía sin aparecer. Cuando regresé —solo de nuevo—, vi que, además del ramo, él le había entregado una pequeña caja que ella estaba intentando abrir. Un hombre obeso los miraba asqueado al frente de ellos. Crucé una mirada breve con él, que siguió mirándolos como si la escena le produjese náuseas. Volví mi vista hacia el par de enamorados, y me dije que así estaría yo si algún día lograba tener mi oportunidad. Ver estas cosas no es algo habitual, y mucho menos si es en mitad de gente que, o bien te señalan con el dedo, o bien te ignoran, pero que, por lo general, nunca te aceptan. Quedan quienes, dispuestos a desencajar en la expectativa común, se atreven a romper la rutina y acicalan un momento ordinario para convertirlo en extraordinario y, por consiguiente, en inolvidable. Es bonito, creo yo, porque pese a que el tiempo cambia y las cosas no vuelven a ser como antes, quedan costumbres o actitudes que nunca pasarán de moda, como demostrar cariño por medio de detalles.

Yo creo que aún podemos hacerlo. Dejar que esa desidia propia de los que dejamos de ser detallistas por fin se extinga y recreemos un paisaje diferente. Sorprender a aquella chica. Vestirnos con nuestro mejor traje sólo por ella. No será mucho, ni lo justo que ella merezca, pero mientras venga de la parte más sincera de nosotros y mientras ella sepa valorarlo, estoy seguro de que valdrá la pena el intento. Ese chico me hizo pensar que para enamorarla no sólo es cuestión de enviarle mensajes de texto por chat o esas cosas; nada más bonito que ir a su encuentro, abrazarla, esperarla con un ramo de rosas sin importar que la gente cometa el error de juzgar algo que ellos no sienten. A fin de cuentas, lo que vale es lo que ella pueda pensar y si sonríe, sólo con eso, entonces lo habremos logrado. Lo demás resbala. Queda fuera. Simplemente no importa.

Un momento más tarde vi cómo el señor que los veía con displicencia se retiraba, negando con la cabeza, como si hubiese sufrido una afrenta. Esto me hace pensar que no podemos olvidar, tampoco, a quienes están en contra de ese tipo de demostraciones, que aparecen como un tropiezo en el camino. Muchas chicas seguramente envidiaron a la dueña de aquel ramo de rosas; mientras que otras, por su parte, pensaron que aquello era demasiado empalagoso.

Como mencioné anteriormente, lo que vale es el momento y la persona. A fin de cuentas, es bonito que mientras existan mentes ancladas a ese pensamiento que estipula sin rubor que los hombres debemos limitarnos a ser los cancerberos de la relación, sean los mismos hombres quienes rompan aquel esquema mal organizado. Los hombres también sentimos, también queremos, también amamos los detalles y también somos capaces de darlo todo por esa chica. Somos leales. Somos todo lo que ella sea capaz de inspirarnos. Y nos convertimos en mejores personas. Todo sea, siempre, siempre, siempre, por merecerla. Mientras ella sepa valorarlo y corresponder el gesto y la actitud, es suficiente.

«Nos honras», pensé de nuevo, mientras los veía sentados en el banco. Luego de darme cuenta de que iba a regresar solo a casa y sin ver a mi amiga, decidí marcharme. Cuando pasé por su lado, vi que él le entregaba una tarjeta hecha a mano. Minutos después se levantaron y caminaron entre la gente; él con el ramo de rosas, ella leyendo una carta con una mano mientras que con la otra sostenía la pequeña caja. El día continuaba gris, pero ellos, aquel par de enamorados que muchos decidieron ignorar, lograron que por un momento el sol le devolviera los colores a la ciudad.

LA VICTORIA MÁS GRANDE DE MI VIDA

El día por fin ha llegado y a mí todavía me parece ver el paradero donde la conocí. Iba sola, yo también. Compartimos los asientos y en mitad del camino decidí romper aquel silencio en el que me había dedicado a observarla hasta que comencé a sospechar que ella empezaba a tomarme por un imbécil. Nunca esperé que aquello llegara a más. Las coincidencias pocas veces me han llamado la atención y aparte yo nunca creí en el destino ni esas cursiladas que se inventan los que buscan un pretexto para enamorarse de buenas a primeras. Mientras la observaba y ella me devolvía miradas breves, sentí adentrarme en un pequeño compartimento reservado. No sabía para quién, pero estaba reservado. Y yo tenía la necesidad de encontrar algún sitio, así que no lo pensé dos veces. Me sentí a gusto muy rápido, como si en aquel cubículo, por muy pequeño que fuera, hubiese encontrado los espacios más cómodos que no existían en ningún otro sitio. Y en ella estaban todas las canciones más bonitas del mundo, los poemas que algún poeta renegado nunca llegó a publicar, los paisajes que la ciencia geográfica nunca llegó a descubrir y la parte más bonita de mi vida que aún desconocía. La llamé Eva, porque, después de ella, hubiese jurado no haber conocido a ninguna otra mujer antes.

Hoy es un día especial, pero esa parte no se las he contado todavía. Un día como hoy, hace ya tanto tiempo, tuve la oportunidad de ver un par de ojos que me miraban como si intentaran ver en mí lo que yo, desde que tengo uso de razón, no había visto todavía. En mí vivía un niño con pánico a los espacios cerrados, a la oscuridad, y a que alguien le suelte la mano en mitad de un lugar lleno de extraños. Y ella vino como esa promesa de que nunca más volvería a tener miedo. La conocí en un bus lleno de gente. Ellos no me importaban en absoluto porque quien realmente me mantenía allí era la chica de la promesa en los ojos. Recuerdo que la escuché mientras hablaba y mientras yo callaba pensando que en el momento en el que se me ocurriera abrir la boca la magia habría terminado para siempre. Me pasé dos o tres paraderos, pero, perdiéndome entre la inmensidad de aquel laberinto hecho de edificios, nunca me sentí tan como en casa. «¿Cuál es tu paradero?», me preguntó. Quise responder que su vida, pero me mordí las palabras. «Todavía no he llegado», di por toda explicación.

Los días pasaron entre casualidades y tropiezos. Pronto me di cuenta de que pensaba en ella más de lo habitual. No me detuve a pensar en ningún momento en que a ella también le ocurría lo mismo. Un puente invisible de complicidad fue uniéndonos, y nosotros nos dejamos envolver; era como un plan que se llevaba a cabo con el consentimiento de ambos.

No hubo día en que no nos viéramos ni que no inventáramos pretextos para encontrarnos en cualquier otro sitio. Quise evitar laceraciones, así que decidí medir las consecuencias de todo aquel galimatías, pero cuando uno está en una situación como aquella no ve con claridad las cosas y entonces decide que poco le importa encontrar la salida. Se deja atrapar, incluso.

Me rendí a la inexorabilidad de las circunstancias y me dejé arrastrar por aquella corriente de sucesos que se me antojó tan deseable como inevitable. Nos convertimos en eso: en cómplices, en un par de aventureros a los que el mundo nunca dedica la suficiente importancia. Tampoco lo esperábamos. Sólo importábamos nosotros y nuestras canciones, nuestros momentos, nuestros paseos por la plaza y los cafés que frecuentábamos.

Un buen día me presentó a su familia. Llegamos a su casa y conocí a su padre, su madre y sus hermanos. Se congraciaron rápidamente conmigo. Me sentí diferente. Si alguien me hubiese preguntado por qué sonreía más seguido, no hubiera sabido explicárselo. Me refiero, ¿había palabras? La felicidad de cuando estás con alguien que te devuelve la esperanza que habías perdido simplemente no puede describirse. Llegados a un punto en el que supe que ya no había marcha atrás, comencé a planear mi vida con ella. Pero una vida formal. Me sentí capaz de hacerlo porque un día desperté y comprendí que lo primero que quería por las mañanas era escuchar un «buenos días» de sus labios. Me armé de ilusiones que encarrilé por las pasarelas más sólidas que pude. No quería volar mucho, pero si aquello resultaba, me veía viviendo en el cielo.

Se preguntarán adónde quiero llegar con esto. Pues es simple. Todo lo que estoy escribiendo tiene que ver con lo que sucede hoy día. Porque este es un día especial. Y es que hoy, la familia de quienes al principio fueron para mí extraños, ha venido a congregarse y están sentados en la primera banca. Desde la puerta, vestido elegantemente, su padre ingresa, tomándola del brazo. Ella, vestida de blanco, con su sonrisa perfecta y el mundo en la mirada, viene acercándose mientras recuerdo que un día como hoy, la vi por primera vez sin llegar a imaginarme que esto sucedería, ni que en aquel bus que tomaba dentro de mi rutina, haría uno de los viajes más importantes de mi vida; ni que aquella casa de gente extraña encontraría mi segundo hogar; ni que aquella chica con la que había compartido tantas cosas bonitas, aceptaría por fin ser mi esposa.

¿Lo imaginan? A mí todavía me cuesta creerlo. Pero es real. Está sucediendo. Los tantos invitados nunca olvidarán este día, supongo, pero a mí desde ya me deja una huella imborrable. Seguramente más tarde me harán prometer que la cuidaré y la respetaré en las buenas y en las malas, ignorando que me hice esa promesa hace tiempo. Que me propuse conquistarla y aquí la tengo: la victoria más grande de mi vida. Que ella es todo cuanto había esperado y que todos los días de penas y dificultades que me habían conducido hasta allí valían la pena. No falta mucho para que en un momento, delante de Dios y del pequeño mundo que construí con ella, declare con la mayor de mis certezas e ilusiones que voy a amarla hasta que la muerte nos separe.

***

Aquel momento, robado a la esperanza y la felicidad, vino a convertirse en el sello de un pacto que recordaría todos los días de mi vida. Y ella, siendo el motivo de mi sonrisa y de todo lo bueno que pudiera seguir habiendo en mi interior, se convertiría en testigo de los próximos pasos que me iba a tocar dar. Iba a estar ahí para recordarme la razón por la que he llegado a quererla tanto. Iba a estar ahí para darme la mano cuando la necesitara. Iba a estar ahí para hacerla feliz, para regalarle los mejores momentos de su vida que nadie le había dado. Iba a estar ahí para demostrarle que por ella me he propuesto rescatar siempre las primeras razones que me enamoraron, para no olvidar por qué hoy intento ser un mejor hombre con el firme propósito de poder sentirme digno de tomarla de la mano para encaminarnos en uno de esos tramos que conducen a una felicidad maravillosa, mientras atesoro la incredulidad que me inspiró en un primer momento el hecho de que la chica de mis sueños, por fin, estaría conmigo para siempre.

AUNQUE PAREZCA UNA LOCURA

Recuerdo que vino un día para estar conmigo. La conocí a inicios de octubre, y aunque habíamos compartido muchas otras cosas anteriormente, sólo después de un tiempo decidió quedarse. Pasaron meses antes de que lo decidiera. Lo más importante es que estuvimos juntos, y que todos los días evitábamos aterrizar en los brazos de la rutina. Nunca hicimos las mismas cosas por dos días seguidos; todos eran sorpresas, campos de abono para sembrar un sentimiento que, por tristes circunstancias, no echó raíces profundas.

También recuerdo que me miraba y se sonrojaba. Sus manos, al contacto con las mías, parecía que hablaban historias, y a mí me encantaba escucharlas todas. Cada día desde el principio. Siempre, aquel roce, parecía igual que el primero. A veces también me acariciaba el rostro y era como si me dejara enmarcar para alguien que encontró en mí un tesoro. Era una mujer preciosa. Era y es, y estoy seguro de que lo seguirá siendo. Si sonreía conseguía tenerme bailando en sus manos. Y cuando me miraba, yo les juro que... lo que sea. Cuando me miraba yo ni siquiera encontraba palabras. Ojalá algún día me entiendan.

Tentamos al tiempo y, con el pasar de los días, tentamos al olvido. No creo haber sido más feliz desde mi último asalto sentimental, aunque eso me haya costado nunca volver a ser el mismo. Ella se convirtió en mi antes y después: antes de conocerla yo no esperaba nada, y vino; después de conocerla hoy lo espero todo, pero no llega. La echo de menos, eso es difícil de admitir y al mismo tiempo, la realidad más cruda que tengo. Es inevitable que, cuando extrañas a alguien, el mundo parece convertirse en un gran funeral, y cada circunstancia cargada de recuerdo va deambulando, pero en forma de espectro. Sólo eso es lo que queda al final: el recuerdo. Los lugares, las palabras y la gran mayoría de canciones se visten de él. La zozobra de mis días siguientes a su partida acrecentó su gravedad, sobre todo porque no encontraba a nadie más con quien compartir mi vida, porque con ella, hasta lo que parecía más insignificante, tenía un sentido. Nunca me había entendido tan bien con alguien, y es increíble lo muy vacío que puede parecer el mundo por el simple hecho de que falte esa persona. Ustedes no lo saben, pero era casi perfecta. Si tuviera que describirla supongo que usaría la palabra ángel. No tenía alas, claro, pero sí un cielo y lo compartió conmigo.

Con ella tuve una relación envidiable. No por el hecho de que muchos otros la quisieran, sino por el hecho de que yo ya no quería a ninguna otra chica, y aquella paz no me la quitaba nadie. Hoy forma parte de aquel fragmento de mi vida que por mucho que luche por alcanzar, siempre consigue escurrirse de mis manos. Hoy todavía trato de recordar por qué es que no estamos juntos, quién fue el que falló; si mi forma de ser terminó por alejarla, si quizá hubo algo en ella que me resultó incomprensible. Sea como fuere, la respuesta se encuentra dentro de un pasado en forma de cicatriz que no pienso volver a tocar. Pero, aunque ella se haya ido, su recuerdo permanece. Lo he guardado en mi interior, muy adentro, y he tirado la llave, allí donde ni siquiera yo pueda encontrarla. Aunque parezca egoísta. Aunque parezca una locura.

SALTO CON PARACAÍDAS

Los unía esa conexión rara y desproporcionada que une a los extraños. Ambos estaban solos; ambos, como si la compañía del otro pudiese romper las barreras que se habían construido en su interior. Hacía frío aquella tarde. Estaba oscureciendo y en el cielo habían empezado a aparecer las primeras estrellas.

—¿Alguna vez te has enamorado? —preguntó ella cuando se habían acercado a una fuente en la plaza.

Él se aproximó al borde y se apoyó. Echó un breve vistazo al reflejo de los edificios que temblaba en la superficie del agua.

—Soy humano. Tengo esa debilidad.

—¿Tu amor fue correspondido?

—Sí y no. Los dos sentíamos algo, nos queríamos mucho, pero no formalizamos nada. Estábamos muy lejos.

—Eso debe ser horrible...

—Pero mientras duró fue hermoso.

Aquella facilidad que tenían para hablar de asuntos personales era increíble. Nunca se habían visto, ni siquiera conocían el nombre real del otro, pero en el interior les nacía una sensación de que se habían estado buscando toda la vida. Eran dos completos desconocidos que coincidieron un día y desde entonces no han dejado de sentirse tan en casa cuando estaban juntos.

—¿Y cómo se siente amar? —continuó ella.

Él sonrió. Tenía una sonrisa rota, de esas que sólo tienen los valientes.

—Yo lo sentí como si me hubiera lanzado desde un avión. Sabía que estaba cayendo, pero me gustaba pensar que volaba. Las vistas, después de todo, eran preciosas.

—¿Y ser amado?

—Como si alguien hubiese escondido todos mis miedos en un lugar donde yo no podría encontrarlos jamás.

—Haces ver al amor como algo hermoso...

—Lo es, el amor es lo más bonito del mundo.

Se quedaron callados un instante.

—¿Sabes? Ahora me quiero enamorar, pero eso no lo elige uno.

—¿Qué te impide?

—Bueno hay varios puntos en mi contra: estoy loca, se me hace complicado entablar una conversación con otras personas, me da miedo la gente. La mayoría de los chicos que me rodean no me gustan en lo más mínimo. Tal vez, allá, alguien. Pero se me hace imposible creer que algún día lo amaré.

Él dejó escapar un suspiro.

—Arriésgate. No lo digo por ese «allá», sino por una persona cercana. Arriésgate. Hoy en día, arriesgarnos es lo único que puede hacernos felices, aunque al final te lastimen. Mejor es terminar con el corazón roto que con las esperanzas perdidas.

—Es difícil.

—No dije que no lo fuera.

—¿Hay otro camino?

—No veo otro más funcional.

—¿Pero hay?

Él bajó la vista, sonriente.

—¿Sabes? Me gusta pensar que correr riesgos es la única forma de lograr lo que queremos. Ir en contra. Podemos también adaptarnos y avanzar con el mundo y las circunstancias, podemos seguir consejos, podemos hacer todo de una forma tradicional, pero los resultados tardan más tiempo en llegar o quizá, cuando llegan, no tienen la intensidad que esperábamos, no hay esa satisfacción que nos llene. Dicen que es la forma más segura. Yo lo único seguro que veo es que terminaremos siendo como los demás, y a mí siempre me ha gustado ser distinto. He tenido que romper esquemas, salirme del camino, retroceder donde debía avanzar; avanzar donde debía detenerme. La satisfacción está ahí, en el riesgo. Correr detrás de un sueño es un placer del que sólo pocas personas podemos disfrutar.

Para ella, él se había convertido en alguien que poco a poco le iba mostrando un paisaje nuevo que siempre supo que existía, pero que nunca supo dónde. Las luces comenzaron a encenderse a su alrededor, una a una, llenando las calles de aquel resplandor ámbar y polvoriento de las farolas. Ella levantó la mirada al cielo. Algunas estrellas ya no eran tan visibles como hace unos momentos.

—Si saltas de un avión, la caída es inevitable, ¿verdad?

—Sí —contestó él, guiñándole un ojo—, pero siempre puedes llevar paracaídas.

Aquella noche resultó ser como pocas, una oportunidad de esas que sólo ocurren una vez en la vida. Irrepetibles. Fue entonces cuando ella se decidió a saltar, sabiendo, de antemano, que él saltaría con ella. Que ambos compartirían el vuelo. Que ambos caerían al mismo tiempo, o quizá, uno de los dos salvaría al otro, tras haber llevado, preventivamente, paracaídas.

«Para ser muy callado
tengo bastantes cosas que decir».

EL RETORNO DE LA MUSA
REENCUENTRO

Erika volvió. O, mejor dicho, fui a por ella. Nos encontrábamos sentados a la mesa de su casa. Había regresado hacía apenas unos días, y se estaba replanteando iniciar de nuevo con su vida. Ahora era su madre la que estaba ausente, me explicó. Fue a visitar a una hermana suya a otra ciudad.

—Erika, quiero que sepas que te he echado de menos. Han pasado meses pero tú eres una mujer que no se olvida de un día para otro, ni de un mes para otro. Te sigo queriendo como el primer día, y en lugar de esperar que este sentimiento desfallezca, ha ido creciendo con el paso del tiempo. Me duele no verte a mi lado, me duele saber que no quieres saber nada de mí.

—Heber…

—Espera, no he terminado. Necesito que sepas que quiero otra oportunidad. Si hay algo que estoy haciendo mal, dímelo y cambiaré, pero ya no te vayas. No me dejes con tu recuerdo, por favor. Tal vez esto sea lo último que quieras escuchar, pero te lo digo porque realmente quiero que sepas que estoy dispuesto a hacer lo necesario para que vuelvas.

No me había dado cuenta de que una lágrima resbalaba por mi mejilla cuando Erika alargó su mano y me limpió la lágrima con su pulgar.

—Nadie logra llenarme el alma como tú lo haces —dijo, sonriendo con ojos brillosos—. He vuelto por ti. Mi lugar está contigo. Vamos a darnos una nueva oportunidad.

Una sensación de llenura me inundó el pecho. Sonreí y la abracé. Permanecimos así un momento interminable.

Es cierto que ya nada fue lo mismo a partir de entonces. La sonrisa no se apartaba de mi rostro, los días cada vez eran más alegres, la ciudad recuperó sus colores. Fui feliz, no voy a negarlo. Y en ese tiempo, procuré que ella también lo fuera. Erika se veía más animada, más alegre, y todo parecía ir encarrilado a buen puerto. Aquello duró varios meses, en los que pude concebir una historia en la que quise quedarme para siempre. Los nuevos comienzos, con frecuencia, nos hacen olvidar de los antiguos fracasos, pero, aun así, alejarlos del todo resulta casi imposible, pues tarde o temprano aquellos fracasos vuelven. Con otro nombre, en otras circunstancias, pero vuelven.

Supongo que nos mató la rutina, las inseguridades, las palabras que se dedujeron en lugar de decirse. Nos mataron los caracteres incompatibles, los puntos de vista tan dispares; el hecho de no poder sobrellevar esa vida que quisimos. Nos dejamos gobernar por las dudas y, en lugar de exponerlas y hallarles alguna solución, nos escondimos en el orgullo.

Pero no nos fuimos. Lentamente la vi convertirse en extraña. Sus ojos perdieron su brillo característico, como si se hubiesen convertido en un pozo profundo donde las luces sucumbían hasta apagarse. Las caricias no surtían el mismo efecto, las llamadas ahora eran más breves, los paseos terminaban antes de tiempo. Su presencia, incluso, llegó a quemar. Era desesperante tenerla cerca y saber que no podía tocarla, sentirla como antes. Erika se escondía en su silencio, esperando que yo diera el primer paso; y yo, amparado en mi maldito orgullo, nunca lo di. Nunca le dije que quería hacerle preguntas, que quería saber a qué se refería cuando decía ciertas cosas. Nunca le dije que se quedara más tiempo, pues hubo días en los que ya no pasaba las noches en mi casa, como antes. Volvió a ser un misterio por descubrir.

Erika, la mujer que regresó para continuar inspirándome poemas, ya casi no tenía tiempo para mí. Pasé días extrañándola. Cuando iba a su casa, casi nunca estaba. Y cuando estaba, casi nunca salíamos. Era como si cada uno de mis peores sueños se estuvieran haciendo realidad. Y llegué a pensar entonces que nunca fueron pesadillas: fueron sueños premonitorios.

Decidido a darle ese espacio que pensé que necesitaba, jamás le reproché nada. Fui incondicional y creo que por esa razón fracasamos. Cuando la reciprocidad se acaba, la infelicidad comienza. Eso fue algo que comprendí demasiado tarde.

Y así pasamos los días finales de nuestra historia: tal como comenzamos, siendo unos extraños que a veces cruzan palabras o se dedican miradas de complicidad fugaz, y nada más. Los días transcurrieron con una lentitud cruel y agotadora. Seguíamos juntos, pero separados al mismo tiempo. Se nos acababan los temas comunes, las confidencias, los planes compartidos. Nunca volvimos a ser los mismos desde entonces, aunque, sin que yo lo supiera aún, Erika sí continuaría inspirando más poemas y cartas que, estoy seguro, nunca llegó a leer.

CATARSIS

SUEÑOS QUE VALEN LA PENA

Había albergado una esperanza durante mucho tiempo, y no me hubiera atrevido a perderla por un simple capricho o cobardía, pero aquella tarde presumías un semblante hermoso y tu mirada me dijo que ya era hora. El sol apenas bostezaba su luz y las nubes cubrían el cielo de gris. Era un día frío, y si mal no recuerdo, me esperabas sentada con una sonrisa. Me acerqué sintiendo el pecho vibrar de emoción y no pude evitar reír. Reír de alegría, de miedo y anhelo. Nunca había aspirado a nada que no fuera un amor de esos que pintan en las novelas clásicas románticas y, para entonces, había intentado construir un castillo aun con el temor de que tarde o temprano fuera a caerse. Sin embargo, cuando te vi, me pareció que el mundo había conspirado a mi favor. Sentí esa adrenalina en el pecho y al tomar tus manos pude comprobar tu pulso en mi piel. De tus labios emergía un encanto que sólo había experimentado en sueños y de pronto, casi sin darme cuenta, estaba a un par de centímetros de tu boca. Te miré a los ojos y me perdí en aquel negro infinito de tus pupilas. Por un momento me pareció que respirábamos el mismo aire.

Los hubiera rozado, de no ser porque sentí un impacto en la mirada, un golpe burlón de la vida que hizo que despertara de inmediato. Maldije el momento preciso en que abrí los ojos con la amarga certeza de que habías desaparecido y de que tus labios formaban parte de un sueño que se había acabado.

He escrito esto para que lo sepas. Algunas cosas sólo pueden soñarse. Pero existen sueños que valen la pena, la alegría, e incluso el amargo sabor de saber que no van a cumplirse. Te quiero. Algún día serás mi sueño cumplido.

LA COLECCIONISTA DE ANÉCDOTAS

Hay mujeres que llaman la atención por tener un buen físico o porque su personalidad las distingue. Sin embargo, de todas las características que alguien pueda tener, las que deben valorarse más son aquellas que definen la forma de ser. Lamentablemente existen quienes miran únicamente lo exterior, y eso no representaría ningún problema sino fuera porque llegan a darle el mismo valor al cuerpo que a la mente.

Ese era el caso de ella. A pesar de que tenía la atención y la pretensión de muchos, ella se sentía vacía. ¿Por qué? Porque no es lo mismo que te quieran por lo que ven a que te quieran por lo que cuesta descubrir. No asimilo el hecho de conocer a alguien y juzgarla por lo que lleva o tiene sin saber las razones detrás de ello. Cada cicatriz, cada detalle exterior tiene su historia. Y aquella chica era una coleccionista de anécdotas que la marcaron para siempre y que le han hecho ser lo que es ahora.

Podía tenerlo todo y a la vez sentirse completamente sola. Porque ella esperaba algo más, y lo sigue esperando. Nadie se ha tomado la valentía de conocerla por completo, de ir más allá de su sonrisa, de ver que detrás de ese par de ojos alegres se encuentra alguien que necesita compañía, una que venga, mire sus heridas y se quede sin decir una palabra. Por eso es distante, porque sabe que si hay algo que proteger es aquel corazón que ha soportado tanto y que palpita de milagro. Es que a la cara bonita cualquiera llega, y eso no es muestra de neta valentía, sino una prueba más de lo ordinarios que puedan llegar a ser con ella. Pero es fuerte. No ha dejado de serlo. Y sigue adelante porque, aún en una sociedad superficial, sabe que es posible encontrar a alguien con el suficiente coraje para descubrir sus miedos, sus virtudes, y que se merezca su cariño. Porque si bien puede mostrarse fría e indiferente por fuera, aquel interior es un cielo precioso, pero —y esto es algo que lo tiene muy claro— no cualquiera se merece el cielo.

MI VIDA ES UNA DISCULPA

Necesito dormir. La falta de sueño a veces hace que diga cosas inconexas. Creo mundos donde no debo, me tropiezo con cualquier piedra, incluso si esta se encuentra lejos y para llegar a ella me falte como medio kilómetro. No espero que me entiendas, yo tampoco trato de explicarme. Hoy no, al menos. No lo haré porque necesito dormir. Los ojos me pesan, estoy un poco mareado, este malestar es el saldo que me cobran las cuatro horas de sueño al día que he tenido desde ya no sé cuántas semanas.

He soñado contigo también (el insomnio de vez en cuando se apiada y me compensa con este tipo de cosas). Ahí no vivíamos lejos, yo fui a verte al trabajo, ¿sabes lo que eso significa? Que nada era imposible. Desperté con la sensación de que me hacía falta algo, y no era para menos. El día anterior me dijiste tantas cosas bonitas, que seguramente eso me puso a soñarte.

He estado haciendo las cosas a medias últimamente, excepto el quererte, eso siempre hago el doble aunque tenga las fuerzas por la mitad. Dejé de apuntar las frases que se me ocurren durante el día, bajo más seguido los escalones a la demencia, conservo la calma durante un minuto, y después, grito. Lo hago con los pulmones hinchados de aire. Desde afuera nadie escucha, esa es la ventaja de vivir solo. O sentirte así. Ya no sé si soy miembro de mi familia o si hace tiempo que me he ido y ellos simplemente se han acostumbrado a mi presencia. Pero por si acaso, evito evidenciar mi desesperante deseo de largarme, por eso también es que no soy el mismo, y eso se lo debo a mi insomnio y a ti, que vienes todos los días, me hablas de cómo te gusta que te reciten poemas y te quedas toda la noche a hacérmelos escribir.

Nunca he sido esclavo de nadie pero contigo ya estoy dudando. Ya sé que no estoy encadenado, que no me pones un arma en la sien y que tampoco me amenazas con algo si no te escribo algo, pero sabes que me gustan mucho los protocolos y entonces sonríes, me clavas un «te quiero» con ecos incluidos y me dejas a solas, a sabiendas que todo aquello no es más que un chantaje a mi subconsciente, que sigue normas que no se han escrito para la creación de los poemas.

Sabes que después de aquello seré incapaz de resistirme a contarme historias felices, a escribir cuantas veces tu nombre aparezca como marca de agua en un papel en blanco. Sabes que estaré al pendiente de una sonrisa, de una palabra, de un empuje que me lance a mentirme de la manera más ingenua posible. Y aquí me ves. Hoy mi vida es una disculpa. No tengo visión del futuro y si trato de hacerme una idea, no veo más que un desierto frío y oscuro, donde nacen las esperanzas y mueren por falta de alimento. Hoy he querido ir en contra de mí mismo. He necesitado un buen golpe en la cabeza, una buena dosis de café y tu foto para terminar de escribir esto. Y no. No eres tú la que no me deja aunque tampoco me tengas, sino que soy yo el que se deja atrapar aunque aún me faltes. Eso es algo que tampoco voy a explicarte.

Hoy, como siempre, paso de dormir. Este es un juego peligroso y yo no es que me quiera tanto como para cuidarme. Si estás al final del camino, a mí me basta. Y si te vas antes de que yo llegue, recibiré con resignación el golpe. Me haré un lugar en medio de aquel desierto, miraré las estrellas, pediré un par de deseos y ninguno tendrá que ver contigo. Sólo entonces me pondré a dormir.

GUERRAS DONDE YO SIEMPRE PIERDO

Para perder yo nunca estuve preparado. Ni para recordar cuando ya fuera demasiado tarde o para cuando estuvieses cerca de la puerta, darme cuenta de que no iba a volver a verte nunca. Hoy dueles como todas esas historias que no se comparten. Mujeres inspiradoras habrá muchas, pero inspiración ya eras tú antes de saber que las musas también existían. Y luego te convertiste en una sin que yo me diese cuenta. Quererte entonces me pareció un riesgo y yo la verdad nunca he sido un amante del peligro. Luego tu nombre llegó a componer la banda sonora de mi silencio. Pensaba en ti más de lo habitual y me sorprendí compartiendo un café con una esperanza que tenía tus manías. Escribir después de eso se hizo catártico.

En dónde habías estado tanto tiempo, por qué no llegaste antes; a cuántos amaneceres de distancia estuvieron nuestras vidas. Tú estabas metida en los pensamientos de quienes ni siquiera sabían tu nombre, siendo el reflejo de un pasado que nunca ha existido. Sólo cuando apareciste supe que le robaba el futuro a muchos. Ellos también te habían soñado pero sólo a mí te me cumpliste y eso que nunca te pedí como deseo. No creas que no estoy agradecido. Aprendí a compartir mi soledad con tu indiferencia, con tu cambio drástico, con ese encanto envuelto en pétalos y lleno de espinas. Me quisiste a tu manera y la mía apenas iba amoldándose. Al principio me costó abrirme porque ya sabes que tengo de cerrado lo mismo que tengo de tormentas. Soy más de silencios que de alborotos. Pero sucede que las cosas cambian y, para cuando yo ablandé mi forma de ser, tú ya estabas aprendiendo a olvidarme. Olvidar en el sentido de que no ibas a ser la misma, vamos. Porque los dos sabemos que olvidar es imposible.

Cambiaste todos tus semáforos a rojo pero yo iba a exceso de velocidad. El impacto me dejó un ala rota y desde entonces le tengo miedo a las alturas. Intenté hacer lo mismo pero tú, además de ir un paso adelante, también ibas más rápido, como si conocieras el camino de memoria. Donde debía detenerme, seguía; y donde estaba prohibido desviarse yo me encontraba con un callejón sin salida. Aquel laberinto de idas y venidas hizo que reconsiderara volver. El problema era que no sabía por dónde y tú nunca pusiste señales. Y no te estoy culpando aunque eso parezca. Procuro hacer lo de siempre: escribir para explicarme cómo es que he terminado en este fondo si no recuerdo haber caído nunca.

Quizá no fui lo que querías. Debe ser eso. Yo nunca he tenido expectativas sobre una chica hasta que me demostraste lo contrario. Aunque olvidé que cuando alguien cumplía con los requisitos para quitarme el sueño yo también debía entregarle algo más que un puñado de poemas labrados con un alma que, para no haber muerto aún, ya había vivido demasiados infiernos. Cómo ibas a querer a alguien que para tener un buen día procura mantenerse lo más alejado posible del espejo. Tú, que al caminar arrastras la mirada de medio mundo. Que provocas un alzhéimer relámpago en quienes te ven sonreír y que no tienes que envidiarle nada a nadie. Tú que eres musa de todo aquel que sepa mirar más allá de tu cuerpo. Que escondes secretos por los que muchos no dudarían en matar si fuera necesario. Llámame como quieras, soy consciente de que mi superficialidad me hace ver guerras donde yo siempre pierdo.

Qué voy a decirte sobre mi intento de olvidarte, que resultó ser eso: un insignificante intento. Mi obstinación me ha llevado a entender que no quiero que dejes de existir. Que quiero tenerte lejana pero visible, seguir mirándote de lejos incluso si esta vez vas por otros caminos. Me bastaría imaginar que para musa sólo necesito tu recuerdo y esa puesta en escena de una felicidad transparente que viene cada vez que tu silencio me dice que nunca pasaste por aquí. No voy a dejar de dar vueltas mientras tanto, en este centro adonde vienen a parar las espinas que abrí con la emoción infantil de quien abre un regalo esperando que fuera lo que había pedido tantas veces.

Y aquí estoy. Si vas a irte más lejos recuérdame encender la calefacción porque sólo a ti se te ocurre convertir los días que faltas en invierno. Yo voy a intentar escribir más por si acaso dejo de tenerme tanto miedo y aprendo a quererme más de lo que me odio. Más de lo que me odio al perderte, me refiero. Algún día dejarás de ser ese dolor al que me he acostumbrado a esperar por las noches, pero no dejes de dolerme y tampoco te dejarán de llover poemas. Sólo que me encargaré de que no te enamoren. Prometo ir esta vez más despacio.

ESTA VEZ YA NO HABRÁ FINAL

Tienes las manos frías, como si el invierno se hubiera instalado en tus palmas. Tu piel está blanca, más de lo normal. Y suave. Muy delicada. Tus ojos parecen mirar al vacío, como si pudieran palpar el aire. Hubiera deseado venir antes, cuando tenía esperanza de que ibas a abrazarme y abrigarme un poco. Es primavera todavía y se supone que no debería hacer tanto frío. Pero duele. Duele cuando la ausencia corta las venas y estrangula la vida haciéndonos creer que existimos sin haber vivido.

Yo sé que me recuerdas. Y estoy seguro de que en algún momento me has extrañado y has estado esperando que un día volviera de sorpresa. Pero estás aquí, y yo contigo, y podría prometerte que ya no vamos a separarnos, pero lo siento todo aquí, en la garganta; me he tragado mi propio adiós y ahora no puedo sentir el inevitable dolor de un corazón rompiéndose en pedazos por mi propia culpa. Desde ese día nunca dejé de pensar en ti.

No esperaba un final, ¿sabes? Cuando se empieza a querer no se miden consecuencias; no se pone fecha límite, ni tamaño al sentimiento. Porque el final no existe si hay un camino infinito lleno de sorpresas y detalles, y lo más bonito es creer que esa persona estará al lado para recorrerlo contigo. Tú estarás conmigo aunque ya no te tenga. Te he querido tanto que me hizo daño. Y para esto estuvimos, porque aun con todo habíamos logrado sobresalir, sin tregua. Pero ahora hay una despedida inevitable. El cielo ya me lo dijo de camino aquí. El clima no me ayuda, siempre me pongo nostálgico cuando llueve…

Quiero que sepas que voy a echarte de menos, porque ya no habrá más abrazos, ni besos, ni sonrisas que nos hagan olvidar del resto.

Te quiero, aun si ya no puedes sentirlo. Te voy a querer mientras te recuerde. Mientras yo viva, tu memoria permanecerá intacta, como si nunca te hubieras ido, como si más allá de la mente existiera un lugar en el que podamos quedarnos para siempre, burlando a la muerte, sin que nadie nos venga a joder la vida al decir que lo nuestro no puede cumplirse. Te prometo que valdrá la pena, que ningún esfuerzo tuyo habrá sido en vano. Te prometo que esas cicatrices se extinguirán y no habrá dolor cuando quieras sonreír. Ya no fingirás alegría, porque la tendrás de verdad. Por ahora debo soltar de nuevo tu mano, pero no te apartaré de mi vida. Cerraré tus ojos, para que puedas descansar bien. No me hace falta recorrer mucho, yo también voy en camino, cariño. Ten paciencia. Esta vez ya no habrá final.

COMO UN VASO CON AGUA

Éramos como un vaso de cristal lleno de agua. A veces temíamos caer del borde del precipicio —porque siempre estuvimos al borde, sólo que nos cuidábamos para no dar un paso en falso—, como todos. Hoy pareciera que el tiempo se hubiera detenido sólo para volver a verte, como si un congelamiento de imágenes fuera suficiente horizonte para encontrarte en todas partes.

Claro que me acuerdo. Llevabas la misma blusa de flores que utilizaste en nuestra primera cita. El cielo se oscurecía, pero nada importaba entonces; la compañía de ambos era un espectáculo más bonito que el crepúsculo que nacía detrás de los cristales. «Desde este piso la vista a la ciudad es más bonita», dijiste. Sólo entonces me dirigí hacia la ventana desde donde contemplabas maravillada aquel bosque de edificios.

Te abracé. Miré abajo, donde las personas parecían polvo rociado por el viento que iba de un lugar a otro, como buscándole sentido a una vida que ya no les prometía nada. Me sentí afortunado por estar a tu lado. Una hora después de hablar me di cuenta de que la noche ya había caído y tenías que irte. Te besé. Recordé tus labios la primera vez, tímidos y preciosos que me causaron escalofríos. Bastaría recordar aquella vista a un ocaso que nos marcó para siempre. Estábamos al precipicio pero ninguno de los dos tuvo miedo porque tenía al otro al lado. Estábamos llenos de agua, de una transparencia singular que desbordaba nuestros sueños, nuestra vida, y nuestras ganas de querernos, pero se acabó justo en el momento en el que desperté para notar que estaba solo en un lecho que un día había sido nuestro. La mañana se acercaba tímida y no habías vuelto desde entonces.

Esperé, como un buen iluso anhelando una lluvia para su desierto. Sonreí y luego suspiré de amargura. Jamás había tenido un sueño más bonito. Comprendí que te extrañaba más que a nadie y miré tu foto, con la certeza de que alguien más estaba despertando a tu lado, portando la fortuna de poder besar tu sonrisa.

UN SILENCIO COBARDE

Trae esa magia en la sonrisa y la promesa en la mirada de quien conoce los pensamientos de una persona como a la palma de su mano. De lejos su silueta se confunde con la de un espejismo tejido de una bruma incandescente, una penumbra perpetua de quien cree saberse en el cielo estando en la más indeseable de las soledades. No me sé su nombre, sólo sé que su mirada muda me llama a gritos, y que si a veces sus ojos se encuentran con los míos es por simple casualidad, de esas que se dan únicamente entre dos extraños que se cruzan por primera vez. Unos cuantos días me han bastado para saber que no he vuelto a ser el mismo, que cuando la tengo delante me es imposible apartar mi mirada de sus labios, de su cuello, de su talle firme y frágil, y de aquellas curvas deliciosas que me encadenaron al deseo permanente desde el primer día. Sus ojos, dos pozos profundos de aguas en penumbra, exhalan esa maldición que a uno lo aprisiona con la sentencia de no ver la luz de otra mirada si no olvida la suya primero.

He comprendido que, a pesar de mis incontables contradicciones, me gusta saberme suyo aun si tengo que cargar con esa inquietante incertidumbre de poder hablarle algún día, o de si ella tuviera a bien poder contestarme y así corresponder este sentimiento que crece a traición sin que lo sepa, sin que yo pudiera hacer algo al respecto. He pensado en la posibilidad de intercambiar palabras con ella con el pretexto de una amistad que no me propongo. Si tan sólo pudiera robarle unos segundos y acallar ese fuego abstracto que me consume por dentro, probablemente me sentiría satisfecho. Si tan sólo supiera que cada mirada suya significa una puñalada en el corazón de quien está cansado de querer, lo más seguro es que mi impaciencia se tome unas vacaciones lejos de su rostro. Si tan sólo hubiera una manera de explicarle que, mientras estoy lejos, mientras no la veo, me descompongo en letras que se evaporan, que nunca llegan a posarse sobre el papel y que describen momentos que jamás sucedieron, es posible que merezca la pena seguir queriéndola, con esa cobardía en la que nos amparamos los que no tenemos esperanza de conseguir nada si se trata de amor.

Ojalá pudiera explicarle que a veces despierto sobresaltado, temiendo perderla de nuevo, como pierdo todos aquellos sueños apenas comienzan a hacerse realidad. Que si sigue mirándome de lejos terminará por descubrir el miedo detrás de mi rostro cansado de preguntarme por ella. Debe haber algo que abra paso a esa tregua que parece imposible. Debe existir una salida a tamaño infortunio, un camino secreto que conduzca al final del laberinto en el que se convierte su inexplicable encanto. Quizá si la miro de cerca pueda comprobar que es real, que aquel espejismo es tangible, que si cierro los ojos o miro a otra parte no se desvanecerá y se quedará allí, en su lugar de siempre, a sonreírme con aquellos labios en los que en más de una ocasión me pareció leer aquella sentencia de muerte que me ha consumido desde entonces. Quizá así, el descenso me parezca una travesía menos cruel, cuyo embrujo se desvanece progresivamente a través del tiempo que le reste a mi estancia suspendida en su mirada.

UNA APARENTE IMPOSIBILIDAD

Y tú, que miras a todos lados sin darte cuenta de que yo te miro de arriba a abajo, ladeas la cabeza con indiferencia detrás de los escaparates. Vienes, echas un vistazo a la calle y regresas con la más desesperante de las parsimonias. Cuando caminas parece que el mundo te cede una pasarela que siempre ha sido tuya sin que nadie lo haya sabido, ni tú misma. Si reviso el reloj me doy con la sorpresa de que es temprano, y que nunca se me hace tarde si tú eres el lugar en el que me quedo.

Me gusta observarte cuando finges ignorar que lo hago. Me gusta pensar que conoces a ese extraño que se sitúa delante de ti, irreverente, a ocupar un espacio que no le has dado y que no merece. Debo admitirlo: hace tiempo que he olvidado cómo proceder a esas primeras conversaciones con alguien que transforma un suelo sólido en arena movediza. Y me da miedo dar un paso en falso que, en vez de acercarte, termine alejándote más de lo que ya estás. Eres de esas mujeres de las que da miedo enamorarse, porque se sabe que será difícil —cuando no imposible—, dejar de hacerlo. Yo ya lo he intentado antes: quise tanto que me encerré en mis ideas y cuando intenté salir de esa cárcel sólo conseguí alargar mi condena.

Pero te ves convertida en un delito por el que vale la pena pasar una vida encerrado. Encerrado en tu figura, en tu fragilidad, en tu belleza cuando tiene ese ángulo perfecto y en esa personalidad que escondes. Por ti me pasaría la vida cometiendo crímenes si tú eres la causa y la condena. Por eso no te quito los ojos de encima y tú debes saberlo, aunque me he dado cuenta de que eres de esas mujeres que duelen con sólo mirarlas, que inspiran a matar la desidia con palabras que a veces no tienen sentido.

Muchos sólo te miran por atracción, pero yo te miro porque a mi pesar espero que algún día me rescates de la soledad. Que vengas, te sientes a mi lado, seques mis lágrimas y me abraces sin pedir explicaciones. Sería suficiente si sólo me dijeras que todo pasará y que la vida a veces presenta eso: la aparente imposibilidad de conseguir algo. Sería, aún más bonito, que me susurres que has sentido las caricias que te he hecho con la mirada, que insinúes que has venido para quedarte, que por fin mis cartas han sido respondidas…

UN PANORAMA INTERIOR

Si a alguien le cansa, de repente, que hable tanto de ella como algunos me lo han dicho, tiene la enorme libertad de pasar por alto esto, pero no me detendré si quiero escribir. Muchos, quizá por no estar en la posición que uno adquiere al entregarse a este oficio, ignoran esas ganas incesantes que nacen de repente de querer vomitar sentimientos en el papel o teclear palabras componiéndolas en una melodía que, la mayoría de veces, sólo nosotros conocemos.

No existen los horarios ni ningún truco, tampoco cierto protocolo a la hora de escribir, simplemente llega de imprevisto y las ganas son incontenibles. En algún retazo de papel, con lápiz o bolígrafo o incluso con un trozo de carbón sobre madera: todo es válido cuando se necesita y se quiere. En lo personal, cuando escribo sobre ella procuro impregnar una señal que sólo yo conozca, para no confundirlo con los demás textos que paulatinamente tengo la oportunidad de publicar. Es algo incomprensible el panorama cuando se mira desde afuera hacia dentro, las cosas nunca se ven igual desde el interior de quien intenta ponerse cómodo dentro del mundo y, sobre todo, consigo mismo. Tampoco se entiende la ceguera de uno al fijarse en una persona y que el resto desaparezca.

Puedo parecer egoísta en ocasiones, puedo parecer un tipo amargado y orgulloso, de esos que esperan recibir atención y no darla. Pero no, ese no es el problema, el problema es que para mí, al centrarme en alguien, sólo tengo tiempo para ella. Porque a pesar de esa frialdad que en ocasiones inconscientemente expreso, soy tan vulnerable como cualquiera. Por eso, si me entran ganas de escribir sobre ella, simplemente lo hago.

Es verdad que tengo musas esporádicas que ignoran que son mis musas. Chicas que me ven de reojo o simplemente me conocen de vista pero ignoran lo que oculto, y es que siempre oculto algo. Mi musa, en cambio, es diferente. Ella sabe que existo y me aprisiona en un tipo de mundo con exclusividades, donde sólo estamos invitados ella y yo. Y le seguiré escribiendo a ella porque se lo merece y, a veces, más porque me siento obligado a hacerlo. Por ejemplo, en la narración de todo este texto me he encargado de insertar un mensaje oculto que, como dije, sólo yo conozco. Lo dejaré a la deriva porque, la verdad, no me importa. Yo la quiero, espero entiendan. Si siguen leyendo cursilada y media de mi parte es porque la quiero. Y ojalá puedan comprender también que cuando hablo de «ella» o de mi «musa», no necesariamente me estoy refiriendo a una persona.

INESTABILIDAD EMOCIONAL

He venido diciéndome que aquel mundo detrás de la pantalla es sólo una especie de cortina de humo, que la realidad está detrás de mí, pidiéndome una oportunidad hace tiempo. ¿Qué más tendrá que pasar para comprender que el escape a esta prisión está a un clic de distancia? A veces me gustaría mirar más allá, o más atrás, precisamente adonde está todo lo tangible, de lo que realmente trata la vida. Ojalá fuera tan fácil. El mundo me tiende la mano, pero es como si me invitaran a suicidarme a fuego lento. Lo mismo con lo virtual. Yo estoy en mitad del tablero sin saber qué paso dar porque mi vida depende de cualquier movimiento, y yo nunca he tenido suerte en este tipo de decisiones.

La coherencia de las circunstancias y yo no convivimos en el mismo espacio. Por un lado están las personas, pero, ¿de qué serviría? Si durante casi toda mi vida lo único que he hecho es conocer gente que terminará dándome la espalda, olvidándome, o desconociéndome cada cierto lapso. Es odioso porque luego termino delante del espejo contándome las cicatrices que yo mismo me hice por confiar demasiado en una sociedad que conozco bien pero que igual me sigue doliendo: traición, guerras, angustia, revoluciones de gente que dice querer libertad hostigando a los demás, banderas armadas, misiles que apuntan a niños, y niños armados con fusiles. El impacto de aquel marco ha sido demasiado duro, ha dejado secuelas, me ha situado en una inestabilidad emocional de la que dudo mucho poder salir. Es esa desesperación que causa la incertidumbre de un destino al que el mundo se remonta inexorablemente.

A veces pienso que todo lo que necesito para salir de esta suspensión es no centrarme tanto en lo malo, tomar la decisión de despejar la mente, salir, viajar, respirar. No es una mala idea, pero, si de todas formas tengo que volver, entonces ya no le veo mucho sentido. Las ganas se me acaban y termino por refugiarme dentro de aquel lugar predilecto para los inadaptados sociales: internet. La otra cara de la moneda. Esa realidad abstracta. El lugar que ofrece tener al mundo en las manos mientras el mundo real se desborda. Pero, como dije antes, es sólo una cortina de humo, un engaño más cruel que el anterior. Únicamente quedan ganas de seguir huyendo, de lo que sea, cuanto antes, viendo si con eso es posible que la realidad, sea cual fuere, comience a doler menos: es otro truco bajo la manga de la esperanza. O de la ilusión. Da igual. A estas alturas todo viene a ser un engaño que nos ponemos a nosotros mismos. Ojalá consiga deshacerme de este nudo antes de que sea demasiado tarde y termine por perder lo único que me queda: personas por las que daría la vida. Aunque estas personas estén, después de todo, sólo en mi mente.

UN ATARDECER

Estoy mirando un atardecer. Esa tranquilidad. Esa paz. Alguien, en algún lugar, ha vuelto a creer en la magia. Alguien, en otro lado, ha muerto. No sé quién, pero ha muerto, y otro parece nacer de nuevo. ¿Alguna vez se han puesto a pensar en eso? El contraste del mundo en una sola imagen: el sol se aleja, la noche se acerca, pero en ambos bandos siempre hay luz. Me han entrado ganas de tomarle una foto, perpetuarlo. Que alguien al verlo me diga: «Vaya, está como para ponerlo en un cuadro». El mundo sería un poco menos cruel, entonces.

Estoy mirando un atardecer: una franja púrpura se ha abierto en el cielo y en mi interior se han cerrado algunas puertas. A veces el sentimiento cierra paso a la conciencia. Las personas deberían saberlo como para evitar lanzar palabras a diestra y siniestra como dardos envenenados. He visto a una chica guapa. Ha pasado de nuevo. Creo que tampoco se ha dado cuenta del paisaje, al igual que muchos, que van de un lado a otro como si estuvieran contra el tiempo. Yo creo que les hace falta alguien. O algo (creo que debo dejarme de sentimentalismos). Les pueden faltar ganas y voluntad de fijarse en aquello que no sea su propio mundo. Saber que lo que hay no siempre es malo. Que las buenas cosas siempre han estado allí esperando a que ellos se desocuparan de sus pensamientos para animarse a mirarlas.

Ahora se han encendido las luces. El cielo se ha vuelto más oscuro. La ciudad me recuerda a un manto negro con luciérnagas incrustadas. Alguien debería escribir sobre esto. Decir, por ejemplo, que necesitamos ser un poco más sensibles y conmovernos con un detalle, con las cosas buenas que todavía quedan en este mundo. Sé que también está lo triste, pero fijarse en eso sería como quejarse de no tener nada que ver en la tele cuando hay un paisaje precioso tras la ventana. Ya se ha hecho de noche. En algún lugar alguien ha llegado tarde a la cita. Me imagino la cara que debe de tener por hacer esperar mucho su presencia. Alguien se acuesta pensando en todo lo que tiene que hacer para el siguiente día. Para otros la faena apenas comienza. Y así, un sinfín de casos en los que podría encontrar incluso mi propia vida protagonizada por extraños de los que nunca he oído hablar pero que podría conocer como si fuesen viejos amigos.

Me pregunto si en todos los lugares será igual: la rutina. Esas ganas de encadenarnos a una vida que no nos conviene. Ojalá se nos ocurra decir las cosas precisas en el momento correcto. Tomar buenas decisiones a tiempo. Ser más precavidos incluso para expresar lo que sentimos y, quizá entonces, dejaríamos de lado algunas discordias innecesarias. Hablo en un contexto generalizado. En este momento el cielo se ha oscurecido. Se verían estrellas de no ser porque hay mucha iluminación en la ciudad. Alguien debería pensar en eso también. O quizá soy yo, que debería irme lejos un tiempo. No me haría ningún mal.

En algún lugar, alguien vuelve a llegar tarde, en otro, alguien ha muerto, otra persona vuelve a nacer, y hay quien vuelve a creer en la magia. No sé quién, no me lo pregunten tampoco. Yo, simplemente, me he puesto a ver un atardecer y ya se hizo de noche. Debería irme de aquí.

EL ARMA SE DISPARÓ SOLA

Hoy es una de esas noches en las que todo lo que antes me daba igual, irremediablemente me afecta. Pocos saben que el domingo es para mí el día más melancólico de la semana. Hoy también la eché de menos. He estado llevando el orden de los días como si se tratara de una especie de cuenta regresiva tras la que no sé qué me espera, pero que quiero que termine de igual forma.

Ha sido un día bastante largo. La ciudad apenas ha notado mi presencia, lo mismo que todos últimamente, o será que estoy demasiado ido como para no notar que alguien me mira y se da cuenta de que tengo la mirada en los pies y los pies en el pasado. He puesto música en mis oídos. Algo de tecno urbano, jazz, rock, esos géneros que siempre consiguen despegar mi atención de la rutina por unos cuantos preciados minutos. Mi madre había preparado algo realmente bueno para el almuerzo y apenas llegué a casa devoré cuanto pude. Después fui a mi habitación, deseando que ojalá algún día logre cocinar tan bien como ella.

Intenté revisar un libro, pero durante el día no había dejado de pensar en una sola persona, así que leí por enésima vez aquel texto que ella escribió para mí y que me hizo prometer que pasara lo que pasara, lo conservara muy bien. La verdad es que soy consciente de que ese tipo de acciones son masoquistas. Sólo a alguien con tanta carga mental como yo se le ocurriría martirizarse con lo de siempre, así que leí asumiendo las consecuencias. Es demasiado difícil desprenderse de alguien que, en lugar de darte una mano, te abraza desde adentro para luego hacerte más grande una herida que estaba a punto de sanar. Y entonces, mientras leía, volví a hacerme las mismas preguntas. Volví a recordar.

Volví a darme cuenta de lo mucho que la extraño y de cuánto he tardado en admitirlo. La casa estaba en silencio, pero en mi cabeza las voces no se callaban. Tuve que dejar de leer de inmediato antes de que fuera muy tarde, antes de que se me ocurriera redactar mis propias cartas en respuesta a ese texto.

Se supone que no debería echarla de menos. Se supone que mis pensamientos deberían estar en otra parte y no con ella. Se supone que ni siquiera debería estar escribiendo esto y aquí estoy, tal como cuando decidí quererla: como si esperase algo a cambio. Pensé en su belleza tan dolorosa y en lo indigno que era de merecerla.

Alguien más será el afortunado y no lo dudo. Encontrar a alguien que no esté triste todo el tiempo es muy fácil. Siempre supe que ella merecía a un hombre mil veces mejor, pero eso no significa que no tenga que doler que ese hombre no sea yo.

Aparté el libro con su texto, que ahora lo sentía más pesado que nunca, y me eché en la cama. Hasta entonces no me había dado cuenta de lo muy agotado que me sentía. Recordarla fue como haber tomado un arma y apuntarme con ella directamente en la sien. ¿Y qué pasó? Pues esto, que el arma se disparó sola.

PUENTING SIN CUERDA

¿Hoy también sientes que te encadenas a una vida de humo? Porque yo lo he visto, y por lo que he podido deducir no has sabido permanecer en un solo sitio. Y has resbalado, muy rápido, demasiado para alguien que se tenía por hombre cabal. Eres una mecha bañada en pólvora (ay de la mujer que se te acerque demasiado con fuego en la boca y el verano en los ojos). ¿Cómo es eso de abrazarte a un futuro que pasa con las maletas llenas de planes en los que nunca apareces? Y estás ahí, metido en el único rincón donde la lluvia no llega. Pero, vaya, mira, aquí nadie se ha mojado. ¿Qué es lo que tratas de evitar tanto? A veces vienes a encender fogatas pero prefieres ir a morirte de frío en otra parte. ¿Quién te ha hecho tanto daño como para echar leña a un fuego del que vas a terminar huyendo? Porque lo bonito de quemarse las manos es que lo haces por alguien que luego va a curarte las heridas. Creí que lo sabías, aunque, claro, contigo siempre tiene que ser diferente. Te has lanzado a hacer *puenting* sin cuerda: enamorarte. Ya te has fracturado varios sueños, y las ilusiones han sido incapaces de amortiguar golpes anteriores. Y aun así...

¿Ya viste? Allí algunos paisajes no han vuelto a ser los mismos. Has desplantado sonrisas, dejaste los jardines sin sus mejores rosas y has dejado huellas donde no debías. Te has convertido en el huracán que lo desordenó todo. Pero incluso tú, con esa particularidad de los desastres, necesitas que te den un abrazo. Necesitas saber que encajas en algunas grietas. Al pensar en ti, me gustaría que la palabra «ruinas» no entrara en mi vocabulario, pero hay quienes hacemos de nuestro nombre un sinónimo de todo lo que duele recordar. ¿No es así, Heber? Deberías detenerte un momento a contemplar todas las ciudades que destruiste en tu intento de turismo emocional. Intentar justificarte acusando a otras personas de tus propios errores no me parece digno de alguien como tú. Te has dejado llevar, y eso es lo más triste: viajar porque sí, porque el mundo lo dice, caer sólo porque la gravedad te obliga, ir dirigiendo en una sola línea los pensamientos que deberías dejar volar con las alas que tienen. Has pintado algunos lienzos del color de los besos que nadie te ha dado, y esculpiste toda la soledad en una sola figura que tiene tus ojos. Todo lo que escribes viene siendo una disculpa, porque te has cansado de apagar el brillo de algunas sonrisas. Esto sucede cuando te atreves a querer a alguien. Piensas que estás listo, que esta vez puedes hacerlo bien, y terminas fallando en el mismo punto de siempre, encadenándote a los recuerdos, viviendo bajo la sombra de una angustia que te impide ver más allá de tus heridas. No te has dado cuenta de que las heridas las dejaste en otra piel. Que detrás de ti siempre hay una persona dispuesta a no volver a creer en el amor de nuevo. Eres esas ganas que tiene alguien de convertirse en inmortal, y a la vez el deseo de encontrar la mayor de las recompensas: la muerte, cuando ya lo vivido no tiene nada importante que ofrecer.

Tendrás que aprender la lección de una vez por todas. En definitiva, lo que debes hacer cuando te fijas en una chica, cuando crees que has encontrado el símil perfecto de tus idealizaciones, es callarte. Tragarte el sentimiento. Ahogarte ahora, para no matar después. Si vuelves a sentir que quieres a alguien, aléjate: te ha venido funcionando por un tiempo hasta que quisiste experimentar con cosas muy peligrosas sabiendo que trae consecuencias lacerantes. Así que la próxima vez guarda silencio, procura que ella ni siquiera se entere de tu existencia. A veces es mejor destruirse por dentro antes que ver las grietas que provocas en la sonrisa de la otra persona.

EL BASURERO DEL MUNDO

Anoche he regresado a casa con el alma por los suelos y la cabeza en las nubes. Metafóricamente hablando, esto debería sonar bonito, pero en mi vida lo único que encaja en tamaña perspectiva es la compañía de los libros, de la música y, sobre todo, del silencio. No sabes cuánto daría por ser mi sombra, por ser el que va detrás y ocultarme cuando se vayan las luces. Sentir que el mundo, al menos por una vez en todo el día, se hace parte de mí y me protege, se hace mío.

Hoy es un extraño domingo, me he levantado tarde, he cocinado y he comido por obligación de la costumbre. Un cielo teñido de un gris mortecino ha velado la ciudad, o al menos la parte de mi casa, porque no he salido como lo planeaba; me he refugiado en un libro con la esperanza de que sus páginas me devolviesen esas ganas de sonreír que había perdido días atrás. Y hasta me he reído, supongo que no estoy tan mal ahora, porque incluso me he animado a escribir esto, cuando días atrás te dije que no tenía muchas ganas de saber de las letras que no estaban impresas sobre papel.

He decaído, es cierto. No he tenido una buena semana y tampoco estoy comenzando de la mejor manera esta nueva. He pasado noches enteras intentando conciliar un sueño que prefiere escaparse de mis manos a darme el gusto del descanso. Le he intentado dar caza mediante música, baños con agua caliente y una que otra engullida de alicientes para dormir, y nada. También he estado despertándome a las tres de la mañana para atender el llamado de alguien que nunca veo, pero que puedo sentir.

Ella ha regresado, te lo había advertido. Ella no es tan fácil de engañar como creemos. Durante estas noches, que se han alargado desde que escucho su voz susurrándome los pretextos más peligrosamente coherentes que me ha confiado alguien, he sentido su compañía, y durante las mañanas y las tardes, el tacto de su abstracta presencia me ha erizado la piel más de una vez.

Cómo explicártelo sin parecer que me he vuelto loco... Sé que te he hablado de eso, de que cuando estoy en la calle siento que alguien me persigue y de que al mirar atrás no veo más que gente caminando en cualquier dirección menos en la mía. De que los ruidos ocasionales que hay en la casa cuando estoy solo y las cosas que se ubican en un sitio distinto de un momento a otro no son producto de una casualidad.

Puedo verla cada vez que cruzo algún puente, en las hojas de los árboles caídas; puedo verla abrazando a los mendigos, acariciando a indigentes sin casa ni sentido de la razón. Está ahí, esperando. Quizá llamándolos con voz inaudible.

Más de una vez se ha sentado conmigo en un café, me ha dicho que yo podría serle una buena compañía. Y me sonríe. Mirando aquella maquiavélica mueca de desprecio y promesa, no puedo evitar imaginar en la expresión de cuantos la vieron y han pensado en ella como la única portadora de una salida. Debieron estar desesperados. Desesperados realmente.

Una vez, en sus incontables visitas a domicilio, mientras me preparaba para luchar contra el insomnio, la oí acercarse y sentarse al borde de mi cama.

—Sé que eres el chico de las tormentas —me dijo.

—No. Quizá se ha equivocado de persona.

—Yo nunca me equivoco, y menos de persona. ¿Qué se siente no poder dormir?

Me encogí de hombros.

—Uno se acostumbra.

—¿A qué?

—A dormir poco.

—O a pensar mucho.

—Es lo mismo.

—No lo creo. Dormir poco se puede siempre y cuando exista alguna imposibilidad que te obliga a mantenerte con los ojos abiertos. Por lo contrario, pensar mucho no sólo implica el maquineo incesante de expresiones, circunstancias e ideas que se desencadena en tu cabeza, sino también la supresión de otras actividades que reemplazas por el ejercicio creativo. Dormir poco se puede contrarrestar con el descanso. Los pensamientos, por su parte, te atormentan aun si te mantienes con los ojos cerrados.

—Tormenta de pensamientos —murmuré.

—Sabía que no me había equivocado de persona —convino, complacida.

—Supongo que es eso, entonces.

—Sí, y es peor.

—¿No duerme usted?

—No tengo la necesidad. Yo tengo que mantenerme despierta porque una de mis principales funciones es el otear al resto de la gente. Ver cuántos de sus sueños se deslizan al abismo sin haberse cumplido nunca. ¿Y sabes por qué sucede eso con tanta frecuencia?

—Por falta de tiempo y oportunidades, ¿no?

—No. Por falta de predisposición. Tiempo y oportunidades tienen todos y de sobra. De hecho, hasta el momento, todos tienen más tiempo del que merecen. Las oportunidades son como la inteligencia: nadie carece de ella, simplemente hay quienes saben aprovecharla mejor.

Me quedé callado.

—¿Sabes cuál es el lugar más rico no del mundo, sino del universo, Heber? —preguntó.

Negué.

—El cementerio. Ahí se encuentran enterrados los sueños que nadie cumplió, los descubrimientos que pudieron cambiar el mundo y que nadie hizo, los libros que nunca se escribieron, las canciones que nunca llegaron a interpretarse. Puedes encontrar metas abandonadas, objetivos arrebatados, segundas oportunidades que nunca se dieron, parejas que no llegaron a conocerse, amores perdidos, vidas quitadas...

—Suena desalentador...

—El cementerio es el basurero del mundo.

—Me hago la idea.

Lo que me gusta de la muerte es su imparcialidad. Como debería también ser la justicia. Creo que nadie está tan lejos de ella. Una noche cualquiera puedes acostarte después de haber tenido el mejor día de tu vida y al siguiente simplemente no amaneces. O puedes estrechar la mano de alguien y no volverlo a ver nunca más. Un taxista nunca sabe si lleva al pasajero al momento más crucial de su vida o a un lugar al que no quiere llegar nunca; los chóferes tienden a ignorar con esa ingenuidad bendita si aquel al que subieron a su carro dejará de existir apenas ponga un pie afuera. La muerte, como el destino, tiene tantas formas de presentarse, y siempre ha estado relativamente cerca de mí. La señal más clara la tuve cuando trabajaba en construcción civil hace tiempo. De entre ingenieros, supervisores y maestros de obra dignos de una suposición próxima a la tumba, conocí a un contratista joven y fuerte, con los ánimos y las ganas de trabajar bien puestas. Nunca imaginé que él sería de quien recibiría la noticia de su fallecimiento, a un par de meses de haber culminado mi trabajo ahí. Es esa sorpresa, la frialdad con la que actúa y su calculado desinterés de saber si te afecta o no el que se lleve a alguien de tu entorno, independientemente si compartes tanto o poca proximidad filial o fraternal con esa persona, lo que la hace, de alguna forma, atractiva.

De cualquier manera, la muerte está ahí, la llamen o no, atenta con mayor razón a las llamadas de quienes urgen de ella con cada cortada, con cada gota de solución tóxica que ingieren, con cada nudo que le hacen a la soga destinada a su cuello, pero siempre está. Siempre atiende. Siempre escucha. Varias veces la vi en las noticias, sobre todo en accidentes automovilísticos. Y hasta en mi reflejo frente al espejo cada mañana, cuando aún no he decidido si abrir los ojos es una bendición o una maldición. Porque cada segundo que pasa me acerca a lo inevitable. A todos, de hecho. A mí, mientras escribo esto y a ti, mientras lo lees. Yo he tenido que pensar estas palabras y darles forma a todas las ideas, además de una ilación y un sentido. Tú simplemente absorbes el resultado, consciente o no de los minutos que he pasado moviendo la mano sobre el papel. Pero antes de esto, yo me he desgastado un poco y eso, de por sí, es un ápice de vida que ya he gastado. Tengo la sensación de que en cada texto que entrego, se queda algo de mí que no volveré a tener de vuelta nunca, lo que me asusta, aunque al mismo tiempo me abre la curiosidad de saber hasta dónde puedo llegar antes de convertirme en cadáver. Quizá pienses que para eso falta mucho, que mientras tanto puedo escribir sobre lo que quiera y de tantas cosas que quiera. ¿Y sabes qué? Me gustaría pensar lo mismo. La muerte, por otro lado, tiene agenda propia y poco le importa si la esperamos para mañana, para dentro de un año o quizá para cuando hayamos llegado a tener el cabello color ceniza y comencemos a vivir de recuerdos. Puede venir incluso antes de que termines de leer esto e invitarte a dar un paseo al que no te puedes negar.

No quiero sonar lúgubre (ignora lo irónico del caso), así que supongamos que para eso falta todavía. ¿Qué hacer mientras tanto?

Sé que te has hecho la misma pregunta: «¿Y si algún día me muero, alguien me extrañará?». O por lo menos habrás querido saber si notarán tu ausencia. Yo sí, tienes que saberlo, pero fuera de eso, ambos sabemos que sólo nos extrañarán si hemos logrado dejar huella en sus vidas; si hemos llegado a ocupar un rincón en la parte más importante de sus historias. ¿Pero estamos haciendo algo para que, cuando ya no estemos, nos quieran de vuelta? Si me hubiese hecho esta pregunta hace algunos años, no habría tenido que pensar tanto una respuesta. Hoy sin embargo no sé si quiero responderla, quizá por temor a haberme quedado sin motivaciones ni certezas para decir algo preciso. Puedes pensar que porque escribo ya dejo huella, pero eso y todo lo que hago en internet con el arte es netamente subjetivo. Puede suceder que me eche de menos con más fuerza una persona que me lee desde el otro lado del mundo y de quien ni siquiera conozca el nombre, que alguien con quien actualmente me veo a diario, que me conozca de una manera más íntima. U otra cosa completamente distinta. La verdad es que no estoy seguro. Tampoco estoy seguro de poder responder a esa cuestión otro día, aunque puede que sí. La ventaja de este mundo es que aunque uno se quede quieto, sigue avanzando, y tarde o temprano hay algo que nos mueve a seguir y cuando lo hacemos, nos encontramos en un lugar con ligeros cambios, aunque parezcan los mismos días, las mismas personas, la misma rutina y los movimientos que tenemos todos para seguir ganándonos esa tranquilidad casi egoísta de saber que merecemos existir un día más.

Así que las posibilidades están abiertas, siempre existen excepciones. Vivimos en esa individualidad que parece tan hermosa como cruel. En ella somos los dueños de lo que hacemos, pero, contrario a lo que muchos piensan, no dueños de nuestra vida. Vivimos sin pedirlo y morimos sin evitarlo. Somos dueños de una idea y esta hace cualquier tipo de mella en nosotros con tal de darle un sentido a nuestro lugar en el mundo. Sólo actuamos luego de que alguien diera el primer paso por nosotros. Lo que hacemos es continuar con lo que ese alguien comenzó y, para sentirnos seguros, nos declaramos dueños. Si la muerte tuviera una forma física, apuesto a que la veríamos llorar de risa ante esto. Pero qué importa. Siempre nos hemos creído dueños de todo, ¿o no? Lo importante es mirar la vida como una estación de paso y asegurarnos de que una vez que nos hayamos ido no siga igual que como la encontramos; dejarle a los que vienen después de nosotros un terreno más manejable, conscientes de que aún había mucho por hacer, pero que pudimos lograr que ese trabajo no resultara tan tedioso. Y vivir. Vivir solamente. Pero vivir de verdad, creando recuerdos, cambiando vidas, amando siempre, a toda hora y en cualquier lugar. Creo que eso al final es lo que realmente importa: hacerle saber al mundo —y a nosotros mismos— que nuestra existencia, si bien nunca la elegimos, tampoco llegó a formar parte de una casualidad.

Luego de su última visita, intenté apagar un insomnio cuyo empeño me duró una o dos horas, tiempo en el que me dediqué a pensar en ti y en las cosas que harías —o no—, si te llegara a faltar algún día. Pensé también en mi familia, en mis amigos que, aunque son pocos, aprecio con el alma. Ya no es un secreto lo que te digo: ella vino a buscarme y desde entonces no ha dejado de susurrarme secretos al oído. La muerte tiene tu sonrisa. Y yo nunca me he resistido a tu sonrisa. ¿Entiendes ahora el peligro?

Que este abismo es el único en el que no puedo volar. Por consiguiente, lo más seguro es que me estrelle en el intento de tocar fondo. Lo peor de tener certezas es saber que no son favorables. Eso me pasa contigo y con ella, que es la que más se acerca cuando tú te alejas. Hoy, por lo pronto, espero que su compañía me ayude a entenderme a mí mismo. El porqué de mi deseo de irme con tanta furia, el porqué de que no lo haya hecho todavía. El porqué de todo. Quizá, mientras espero su visita no tan gentil una próxima vez, comprenda el resto de cuestiones.

UNA PENDIENTE DEMASIADO INCLINADA

Llovía con fuerza antes de las once de la noche. Algunos faroles habían sucumbido y las calles se entreveían en un pozo de negrura líquida que se derramaba sin rubor sobre Chiclayo. Caminaba con parsimonia, dejando que el agua me acariciara el rostro mientras los últimos episodios que horas antes habían ocurrido comenzaban a gotear lentamente en mi pensamiento.

Todavía arrastraba conmigo el olor de su cabello y el roce lento y secreto de nuestros labios tan cercanos que la distancia entre ellos quemaba. Habíamos entrado al cine y, aunque mis ojos estaban clavados en la pantalla, apenas le puse atención a la película, y cuanto era capaz de vislumbrar era su mano y la mía entrelazadas y aquella mirada suya en la oscuridad que se explicaban mejor que un libro. A veces me sonreía tímidamente y sabía que ella también lo estaba sintiendo: la proximidad de dos cuerpos que se llaman y un par de almas cansadas del encierro abriéndose camino a través de gestos de cariño que, a mí, hombre de sensibilidad acorazada y una negación acérrima al tema del romanticismo, me venía como un atuendo demasiado grande. Entre las callejuelas de la ciudad pensé que a lo mejor no debería darle demasiada importancia a aquel suceso. Pero mi conveniente sentido práctico de la razón, dispuesto a contradecirme a cualquier hora del día, me sugería la idea descabellada de que quizá el tiempo fuera de los escenarios amorosos había sido suficiente y que debería darme la oportunidad de revivir esa parte de mí que permanecía en ruinas desde la última vez que me atreví a apostar el todo por el todo al lado de alguien.

Es increíble lo solitaria que puede sentirse una persona al desconocerse un día cualquiera en el espejo y, sin preámbulos, decidir que hay que ponerle un nuevo rumbo a la vida. Una idea que, tarde o temprano, termina descartada. Así me sucedió hoy. De improvisto. Con mi naturaleza expuesta y una necesidad inconfesable de huir de la soledad cuanto antes. Sus brazos me servirían como refugio; la calidez de su mano, como un antídoto efectivo contra el miedo y todo lo que pueda llevarme de vuelta a ser ese yo que era antes de conocerla.

Porque, a ver, yo con ella, lo quiera o no, terminé siendo distinto. Al principio me sentía capaz de sobrellevar todo con paso firme, pero luego me di cuenta de que soy una persona diferente, sin saber el punto exacto donde cambió todo.

Quizá fue esa compañía, que antes me hubiera parecido una más y que terminó siendo una que sólo cuando tuve cerca me di cuenta de lo mucho que me hacía falta. Quizá fue aquella otra realidad que me ofrecían sus ojos, cuando me miraba y yo era consciente de que iba a terminar encerrado en cualquier momento sin la oportunidad ni la voluntad de cambiar las cosas porque, dentro de mí, quería que así fuera.

Quería que ella me atrapara en sí misma y no me dejara escapar por mucho que yo se lo pidiera. Mis mañanas hasta aquel día se habían caracterizado por ser la prolongación de una noche llena de desvelos y pensamientos que traían toda suerte de ideas discordantes. Me levantaba de la cama sintiendo que algo me faltaba, y me pasaba el día entero buscándole razones a una existencia sin motor ni más motivación que la de cumplir un sueño en el que llevaba invirtiendo la mitad de mi vida y que tenía ya varios meses de retraso. Y nada más. Tampoco veía la necesidad de alterar la rutina que con el tiempo establecí. La mía era una vida atascada a medio camino entre la desidia y la esperanza. Empecé a dedicar más tiempo a encerrarme en mi mundo y buscar la manera de hacer que nadie se atreviera a sacarme de él, en lugar de perderle el miedo a una de esas emociones que me aterraban con el simple hecho de imaginarlas: el enamoramiento, que más que una oportunidad, a mí me sonaba a causa perdida. Los recuerdos que tenía del amor habían dejado laceraciones profundas y una acumulación de heridas que me cubría casi por completo y que el tiempo se encargó de cicatrizar, hasta que no hubo más remedio que adaptarme a mi nueva coraza en la que confiaba estar a salvo de cualquier incitación sentimental. Hubiera continuado siendo así de no ser porque, cuando menos lo esperaba, la conocí.

Aun hoy soy incapaz de recordar la fecha y el lugar exactos en que la vi por primera vez, pero sí recuerdo que, incluso desde el primer momento, en sus ademanes y su manera de pronunciar las palabras se dejaba entrever una personalidad firme, entre la ternura y la sensualidad que despertaba ese lado inconsciente de mi psique que me invitaba a dejarme llevar, como si algún destello proveniente de su alma pudiese mitigar las tinieblas que envolvían todos los días de mi vida y me hacían creer que no había razón ni motivo más allá de este oscuro silencio que justificara un cambio de rumbo, porque ni las personas ni sus respectivos pasatiempos tenían algo que aportarme. Ella, sin embargo, demostró que estaba equivocado.

La magia de aquella mujer consistió en haber descifrado los mecanismos de autodefensa que tenía y burlarlos todos. Había llegado a encontrarse con mi lado más crítico y sensible en menos tiempo de lo que me costó esconderlo. Todavía no sé cómo lo hizo, pero de repente ya me tenía hablándole de mis metas y diciéndole cosas que, de haberse tratado de cualquier otra, les hubiera restado importancia y pasado desapercibidos. Me tenía en sus manos, y lo peor era que ella lo sabía.

Sabía que aquel arrogante no era yo y que hubo que ir más a fondo para descubrir mi esencia, una natural, una que nunca le mostré a nadie. Esa fue su forma de demostrarme que no soy tan fuerte, y que toda mi coraza, por mucho hierro con el que estuviera forjada, siempre terminará derritiéndose ante sus caricias. Nunca conocí a nadie con esa capacidad. Y hoy, no creo que tenga muchas ganas de hacerlo, tampoco.

Cuando llegué a casa apenas me di cuenta del precipicio al que me asomaba. ¿De verdad quería que ella formara parte de mi vida? Supongo que la respuesta a esa pregunta no está en mis manos decidir, como tampoco estuvo en mis manos dar un día con ella y confiarle muchas cosas sintiendo que la había conocido desde siempre o, peor aún, que la había estado esperando desde siempre. Aquella era una pendiente demasiado inclinada y la estaba subiendo a una velocidad vertiginosa. Nunca me había acordado tanto de mi miedo a las alturas en toda mi vida.

LAS EVIDENCIAS DE ESTE CRIMEN

Me he vuelto experto en sangrar lo que quiero decirte. La hemorragia es inevitable una vez que apareces en forma de suspiro, en el olor de la lluvia y en el atardecer, cuando comprendo que el sol también se cansa siendo estrella. Sé que no mereces que te recuerde, así como yo tampoco merecí quererte tanto. No merecí darte mucho, endeudarme con una cuenta que supe desde el principio que nunca iba a poder saldar. Le debo horas a mi sueño, letras a mis libros, tiempo a otras actividades que ejercía con regularidad antes de encontrarte. No supe medir lo que pedía ni lo que entregaba. Siempre he excedido mis propios límites aunque tú fueses la señal de advertencia. Hoy no te olvido, ni te odio ni te quiero. Te miro de lejos, con cautela, porque sé que si me acerco me hieres. Sé que si te hablo me atrapas. Harás que no quiera volver a salir nunca de tus manos, porque eso siempre lo has logrado aunque nunca te hayas esforzado para hacerlo. Tu encanto es intrínseco, inconsciente, infernal.

Tampoco escribo como antes.

He olvidado el sabor de la poesía cuando te besa en los labios. Me siento a esperarla en un rincón, pero al parecer nunca llega cuando la llaman. Tiene agenda propia, y creo que no tiene ninguna cita conmigo dentro de lo que cabe su tiempo. No la culpo y a ti tampoco aunque lo pienses. He deseado como no tienes idea encontrar una forma de demostrarte que lo que siento es real y, como todo lo real, decirte que también se ha acabado. Las fuerzas, quiero decir. El sentimiento agoniza pero sigue existiendo, hasta que vuelvas con buenas intenciones, le des uno de esos besos con los que siempre lograbas resucitarme, y lo mandes a volar como antes.

Sé que el amor no entiende de razones. He intentado explicarle que no eres en quien tiene que gastar fuerzas, no eres con quien tiene que soñar, ni mucho menos idealizar tanto. Le pido que te olvide y me reta a hacerlo primero, por eso últimamente no he vuelto a insistir. Lo cierto es que sangro. Hago de tus recuerdos cicatrices y las abro a propósito. Cuando me sobra la vesania te llamo, pero eso tú no lo sabes. Te llamo como si fueses a escucharme. Ya me conoces, mi obstinación siempre encuentra el modo de convencerme.

Hoy me encuentro en aquel rincón. Mis ganas de salir no consiguen quitarse de encima el miedo. No he muerto, claro, pero llamarle vida a esto, incluso a mí me parece un insulto. Perdona si te parece exagerado, pero lo que siento eres tú. Tú eres arte, y el arte es el único desahogo que siempre tendrá justificación. Haz lo que quieras, entonces. Desaparece al menos las evidencias de este crimen, por favor. Deja a mi conciencia tranquila.

EL GRITO DE VICTORIA

Como cuando extiendes los brazos esperando un abrazo que nunca llega, o como cuando te quedas delante de la puerta con la esperanza de que quizá algún día ella volverá a llamar y ahí tendrás tu grito de victoria, ese grito de emoción y adrenalina, que te hace sentir que estás vivo. Hay una parte, cuando estás enamorado, en la que te sientes vulnerable: el punto de mira de cualquier miedo. Lo peor es que no te puedes escapar, y te quedas, con los ojos cerrados, esperando la llegada de un golpe o de una caricia —aunque a veces ambos terminan doliendo lo mismo—. Tarde o temprano los miedos se materializan y vienen con la mejor de sus facetas: una sonrisa, una promesa, o un sueño del que no te gustaría despertar nunca. Pronto te das cuenta de que no puedes encontrar la salida en mitad de un mar de emociones.

Y terminas amarrándote a la posibilidad de querer como si nunca hubieses querido a nadie. Es inconsciente, pero de pronto la realidad comienza también a pesar demasiado: a tu lado no hay más que esperanzas vacías. Los atardeceres van a seguir siendo bonitos aunque estés triste, y eso pocas veces se disfruta. Quieres encontrarte contigo mismo al mirarte al espejo, pero resulta que tienes una cicatriz en lugar de sonrisa, unos ojos con menos brillo y las ojeras parecen parte de un maquillaje que nunca te pusiste.

Te comienzas a hacer preguntas, aunque no estás seguro de querer saber del todo las respuestas. Intentas dormir, pero en lugar de eso siempre tienes historias que contarte a ti mismo. Creas ese tipo de futuros que rozan lo ingenuo y lo romántico. Te ves tomándola de la mano, abriendo surcos entre un montón de fortuna y metiéndote la felicidad en el bolsillo para compartirlo únicamente con ella. Te olvidas de que la última vez también planeaste un futuro y terminaste improvisando la mayor parte. Pero despiertas, como sucede siempre con los sueños más bonitos del mundo. Ni siquiera puedes imaginar lo que sucede después de eso. Y te duele todo el cuerpo. Cuando te fijas, sigues sentado frente a la puerta, con los brazos extendidos. Así que bajas los brazos, te pones de pie, apagas las luces, y te vas a la cama, sabiendo que será otra noche —una más de tantas— en la que nadie llegará para darte el grito de victoria.

EL CLÍMAX DE SU SENTIMENTALISMO

Se quedaba callada como si el hablar le produjese algún tipo de fobia. Siempre ha sido de esas chicas que esperan a que alguien se atreva a hablarles antes de ellas tomar la iniciativa. Y no es que fuera arrogante, es que les tiene vértigo a las cosas nuevas, porque la mayoría de veces, cuando conocía a una persona, también conocía un nuevo tipo de dolor.

Nadie la veía cuando estaba a solas, pero había ocasiones en las que se encerraba en su habitación, se echaba en la cama y tardaba horas en dormirse. Durante ese tiempo no hacía más que pensar en lo mucho que le gustaría que ciertas cosas cambiasen y lo genial que sería que la distancia terminase para siempre. No porque haya estado enamorada, sino porque hay cosas que irremediablemente nos separan de ser nosotros mismos, de lo que queremos hacer en un momento determinado y los miedos nos lo impiden. Porque sí, todos tenemos miedos, pero no todos sabemos librarnos de ellos. Ella era así. Creo que pueden comprenderlo. También era fuerte, claro.

La experiencia le tatuó la precaución en la mirada. Confiar hoy para ella es como uno de esos caminos que piensa dos veces antes de seguirlo. Nadie sabía lo que escondían sus pretextos, porque no se habían detenido a escucharla. Cuando la veían sonreír pensaban que aquello era todo, sin imaginar que apenas estaban mirando una de las mil caras que puede tener su estado de ánimo y esa realidad oculta detrás de sus labios. Ella no creía que fuera necesario mostrar a los demás quién era, por si luego terminaban por dejarla o, cuanto peor, se quedaran sin saber marcharse. Sabía que si alguien quería saber más de ella tenía que hacer el trabajo por iniciativa propia. Ella veía, después, si la persona en cuestión merecía su confianza, pero la mayoría del tiempo vivía sola y eso le bastaba.

¿Que si tenía conocidos? Bastantes, pero pocos amigos, amigos de verdad, que apenas podían contarse con los dedos de una mano. Uno de ellos era especial. Esperaba con ansias el momento para hablar con él porque en poco tiempo se había ganado una confianza única y había hecho lo que ni todas las personas a su alrededor habían logrado hacer en años: abrirle un mundo nuevo, demostrarle cuánto valía, recalcar las virtudes que a veces olvidaba que tenía, pero sobre todo rescatarla. La había sacado de su cárcel, le había dado la mano sin estar presente y le demostró que las cosas bonitas todavía merecen la pena ser consideradas.

Ella estaba acostumbrada a ser un tanto autosuficiente hasta que se dio cuenta de que no era tan fuerte como creía. Ese fue el clímax de su sentimentalismo. Las corazas detrás de las que se mantuvo encerrada comenzaron a derretirse ante el calor que él podía darle. A cambio, ella, y sin darse cuenta, le devolvió todos los favores. Le dio un sentido a su vida y juntos conformaron una de esas compatibilidades que surgen una vez cada mil años. Y era aquel año y aquel día. Y los dos a veces hablaban como si se hubiesen estado buscando toda la vida. Con él aprendió a confiar, aunque seguía manteniendo sus reservas, pero de todos los puentes, sus palabras parecían más seguras y sólidas, así que, si se trataba de cruzar, ella no tenía que pensarlo tanto. Lo cierto es que estaba comenzando a conocer un mundo nuevo. Los dos, mejor dicho. Y él la quiso como se quiere a una esperanza. La abrazaba fuerte para convencerse de que ella era real y que valía la pena mantenerse en pie sólo para contemplarla. Ella no podía creerlo, claro; había mantenido distancia de todo lo que era sentimental que ahora, verlo así, le resultaba difícil de creer.

Pero había algo en su forma de decirle «te quiero» que le hacía quedarse más. Había ese brillo cuando sonreía, pero nunca supo del todo identificar qué era. Tuvo que acogerse a la esperanza y así fue. Los dos sentían lo mismo, por eso él tampoco la dejaba ir. La había esperado durante tanto tiempo. Porque él había visto en ella la reencarnación de la belleza en todos los sentidos. Y cuando ella tardaba horas en dormir, él llevaba horas soñándola. Los días para ella eran arduos y después de tanto agobio, él entraba en escena para recordarle que la quería. Aquel era un bálsamo impagable para todo lo que tenía que aguantar. A veces lo olvidaba o simplemente se sentía triste y decidía que era suficiente. Volvía al rincón de siempre, y se quedaba mirando tras las ventanas las calles, como si esperara que de alguna de ellas él emergiese de pronto para decirle cara a cara todo lo que le decía a través de cartas o mensajes.

Y odiaba la distancia, aunque no era eso lo que le quitaba el sueño, porque sabía que tarde o temprano iban a tener que encontrarse. La odiaba porque durante mucho tiempo los había tenido por rumbos distintos. La odiaba por no haberle permitido conocerlo antes, aunque también se odió a sí misma por dejarse llevar, pero luego comprendió que las cosas suceden de imprevisto, que lo bueno llega y nos sorprende cuando ya no esperábamos nada. Comprendió que aquella era la forma más bonita de querer a alguien: de sorpresa, justo cuando antes se había propuesto no querer a nadie más en toda su vida. Desde entonces las ventanas de todas las ciudades del mundo llevan escritas el nombre de los dos.

FASES

ENCUENTRO

El deseo de querer es y será siempre directamente propor-
cional al deseo de ser querido. Uno busca, cambia rumbos,
expande horizontes. Intenta algo que le garantice al menos
una pizca de esa satisfacción en forma de corazones. Lo
bueno de la vida —y lo más doloroso también— es que no
siempre conseguimos lo que buscamos. Sucede que a veces
buscamos más y encontramos poco, pero también pasa que
buscamos poco y encontramos más. Lo mejor, sin em-
bargo, llega cuando no buscamos nada y encontramos a al-
guien que nos demuestra que vivíamos perdidos. Y enton-
ces se convierte en nuestro hogar.

CONVIVENCIA

Te veías preciosa frente al espejo, y aún mejor frente a mis
ojos. Te veías preciosa con aquella falda de rayas y ese
abrigo que no usabas mucho. Preciosa desnuda, preciosa
con los sueños en marcha, con los ojos abiertos y el mundo
a la espalda; preciosa en mitad de la nada, preciosa con-
migo, sin mí. Me gustaba la astucia con la que acababas con
mi malhumor, simplemente sonriendo. Parecías ser in-
consciente sobre tus encantos, y si hubo algo que no me
gustó de ti fue tu inseguridad, que se parecía más a un au-
todesprecio. Aun así, eras preciosa. Aquella fue mi palabra
favorita durante mucho tiempo. Si te enojabas o reías a car-
cajadas, o si te inventabas historias y tenías miedo. Preciosa.
Merodeando entre los recuerdos, surcando caminos en mi
interior, mirándome como se mira un milagro. Preciosa.
Siendo linda, siendo niña, siendo mujer.

Preciosa. Antes de ti, esa palabra ya existía, pero no fue sino hasta que te conocí que pude comprender cuánto significado realmente encierra.

NUDO

No teníamos que ser perfectos. Nunca, cuando dos se encuentran, los errores se terminan. Aumentan, en ocasiones. Pero lo que sí podíamos hacer era que las aristas afiladas no nos cortaran las esperanzas. Debe ser bonito cumplir con alguien ese sueño que uno ve en otra gente. Dos personas abrazadas, que se quieren a pesar de la distancia kilométrica de su orgullo; dos que se agarran de la mano, dos que mientras ven la lluvia, saben perfectamente que el mejor arcoíris que podrán encontrar siempre será la sonrisa del otro. Todos ellos pudimos ser nosotros. Dime cuánto más tuvimos que sacrificar por rescatar ese amor atado a una gran roca hundiéndose en el océano. Tiramos con nuestras fuerzas —las últimas que nos amparaban—, pero no fue suficiente. Supongo que de haberlo sabido antes, hubiera evitado que la angustia nos llegara hasta el cuello. Nuestro amor resultó un naufragio. Cuando dos navegan en aguas que desconocen, no es extraño que ocurran estas cosas. Pero recuérdalo: no tuvimos que ser perfectos. Hoy tampoco lo somos, simplemente tenemos más experiencia.

CONFESIONES

Hubo noches en las que me sentaba delante de mi escritorio a pensar en nosotros. Nos veía como un par de títeres que, durante el día, permanecían inertes, y que al llegar la noche cobraban vida y se buscaban porque en el fondo se necesitaban. Será por eso que siempre pensé que éramos más felices a escondidas, no del mundo, sino dentro de nuestra propia ignorancia, ignorando los roces, la decadencia, el declive emocional que surgía siempre tras cada discusión de la que nunca se aprovechaba nada, para estar mejor nosotros, como se fingen la mayoría de las cosas en una relación para mantenerlo a flote, porque, después de todo, siempre me sentí como si estuviésemos en altamar. Hoy no sé qué decirte. Son tantas preguntas, tanto misterio, tan poca concordancia. No me culpes, si yo antes de ti sólo era alguien que le buscaba un sentido a su vida. Tú siempre me pareciste la respuesta emocional a ese deseo de querer. Me quisiste como ninguna y quizá por esa misma razón decidiste dejar de hacerlo. Que sepas que no te guardo rencor. Sé que no fuimos perfectos, pero también sé que cuando uno se enamora, la perfección se amolda y llega a encajar en esa persona. Tú, de todas, fuiste mi persona favorita. Y aunque haya dado muestras de lo contrario, no espero ni me importa encontrar a alguien que pueda ser mejor que tú. Ni siquiera que te iguale.

DESPEDIDA

Cada vez que leía libros o cartas, lo que menos me gustaban eran los finales. ¿Cómo cargar con la idea de que existe un punto en el que toda la historia, todos los personajes, todo aquel hilo argumental desemboca? Yo me había acostumbrado a ti, a nosotros siendo uno, a mí contigo; y ahora, saber que hay una barrera infranqueable que me esconde las vistas al futuro me desespera. No sé lo que le depara a este yo en el que me convertiste. Y tengo que admitir que siento temor. «¿Qué será de nosotros?». Esa es una pregunta que nunca quise hacerme en estas circunstancias. Me hubiese gustado dar otro giro. Pero no te diré adiós, porque me parece absurdo. Decir adiós es despegarte, alejarte para siempre, pasar del epitafio y cerrar el libro. Decir adiós y perdonar no se escribe en la misma línea. Por eso no puedo, porque yo te estaré llevando conmigo a todas partes. Y creo que, a mi pesar, me vas a seguir doliendo, sobre todo cada vez que te recuerde. Lo he comprendido y no me molesta, al contrario, creo que merezco llamarte con la boca cerrada, por no haberte oído cuando me necesitabas. Te odiaré mientras tanto, y a solas admitiré que te quiero. En silencio, por si luego terminas descubriendo que soy más mentiroso de lo que aparento. No te perdono porque la única forma de tenerte cada vez que quiera es el odiarte. O mejor dicho, odiar esta distancia, odiar tu ausencia, odiar el que yo no consiga llevarme bien conmigo mismo si no te veo. Cargaré con nosotros en mi mente, esa será mi condena y mi indulto. Me encerraré en la tristeza que despertaste. Si quieres volver a verme, te estaré esperando en este lugar, donde el amor es una fantasía que no se cumple. Voy a verte sólo cuando cierre los ojos, poniendo minas alrededor de mí, no para que no puedas encontrarme, sino para yo no ir a por ti. Porque me conozco, pero si aún no me odias del todo, déjame pedirte un último favor:

Cuídame.

Cuídame mucho.

Pero cuídame de ti.

LA RESPUESTA SIGUES SIENDO TÚ

06 – 07 – 16

Hace cuatro meses se cumplió un año. Un año desde el primer texto que te escribí. Un año sin tantas promesas, mirando el horizonte con apenas un puñado de ilusiones en las manos. Han pasado tantas cosas, como era de esperarse. Tantas cosas que quise que ocurrieran y otras que no hubieran estado mal poder evitar. Lo cierto es que no me arrepiento. Si tuviste que llegar, en buena hora. Si tuviste que mover un poco mi mundo, si tuviste que rescatarme, si tuviste que abrir las ventanas para que la luz ingresara al interior; si tuviste que quererme, si tuviste que suavizar mi armadura, si me dejé querer por ti y si comencé a quererte también. Qué importa eso. Tuviste que ocurrirme para que hoy me diera cuenta de lo mucho que había estado perdiéndome de la vida.

Hoy me he puesto a pensar en todo ello... Hace cuatro meses se cumplió un año desde que comencé a escribirte y hace cinco meses vengo intentando dejar de hacerlo. No puedo, supongo, y creo que no podré, pero eso tampoco me importa.

Me importa dejar constancia de este sentimiento que se convirtió en decisión, una decisión que ya perdió la vigencia y que aun así sigue en pie. Hace un año dije que la respuesta eras tú. Que cuando alguien me preguntara de dónde sacaba fuerzas para seguir manteniéndome en pie y cómo es que logro avanzar a contracorriente, sólo era necesario pronunciar tu nombre. Y era cierto. Eres una de esas verdades que cambian con el tiempo, pero que mientras duran son irrefutables. Así que puedo decir que sigues siendo mi razón. Sin que eso tenga algo que ver ahora en

300

mi vida y sin que cambie esta situación, tú sigues aquí, haciendo lo que mejor sabes hacer: recordarme por qué me prometí ser mejor persona; trayendo la nostalgia envuelta en papel de regalo, dedicándome la canción más triste de la historia, mientras permaneces inalterable, preciosa, como siempre y como nunca.

«*You're a beautiful mess*». Nunca a nadie le he dicho que me parece lo más hermoso del mundo aun si ella piensa de sí misma todo lo contrario, pero te lo dije a ti. Que sepas que has sido la primera para muchas cosas que he hecho y me alivia saberlo, porque no imagino a alguien más protagonizando las primeras veces más bonitas y significativas de mi vida.

Siempre tuve la idea de que cuando alguien llega a ti, nunca se trata de una casualidad. Tú llegaste y me complementaste de una forma como ninguna otra. Porque cómo olvidar tu apatía a desmaquillarte, tu afán de mantener las uñas arregladas y tu amor por aquel vestido blanco que tanto te gustaba y que casi nunca te ponías porque luego andaban preguntándote que cuándo era la boda. Cómo olvidar tus ojos, si yo siempre me había sentido invisible hasta que me miraste. Cómo olvidar tu risa, esos gestos inconscientes que hacías al leer y que a mí me parecían una sesión de hipnosis.

Que no, que me es imposible odiarte. Que tu lugar en mi vida aún me duele al verlo vacío, pero que es la única evidencia que tengo de haber sido feliz hace algún tiempo. Hoy quiero regresar, evitar la decaída, la distancia, el orgullo. Y sonreír si vuelves a mirarme como antes, como mirabas a ese chico que necesitaba ayuda emocional a pesar de mostrarse «petulante, orgulloso y muy arrogante», según tus propias palabras.

Pero no puedo, aunque tampoco me he dado la oportunidad.

Hace tiempo pensé en dedicarte todas las canciones de amor del mundo. Si escribía lo hacía por ti. Si leía pensaba en ti, demostrándome a mí mismo que pensar en alguien mientras leemos poesía es una de las más bonitas expresiones de amor que podemos tener por un libro y una persona al mismo tiempo. Eras y sigues siendo un buen rescate, un bonito consuelo. Tu sombra y la huella que dejaste no han perdido tu esencia, como si esperaran, de alguna forma, que volvieras a tomar este lugar que desde siempre fue tuyo.

Si mi vida fuera una película, agradecería al guionista de haberte incluido en el reparto. Pasado, presente o futuro, hoy eres parte de mi historia. Una de esas que duelen e inspiran; de las que pasan y permanecen, de esas a las que el tiempo sólo se encarga de perdurar. Y te habrás ido. Tu ausencia seguirá hoy más presente que nunca.

Sí, que ya no es lo mismo y que desde aquel año, la única preocupación que he tenido es por verte, siempre por verte, y que me digas que me quieres o que también me has extrañado. Creo que no me importaría si me lo dices y me doy cuenta de que es mentira. Pero lo cierto es que me siguen preguntando por ti. ¿Los recuerdas? Esos mismos que me decían que la perfección no existía. Quizá sea hora de darles la razón, ahora que no estás, pero es que hoy, para todo lo que preguntan, la respuesta eres tú. Sigues siendo tú.

CICATRICES QUE NUNCA CURAN

Supongo que sólo hacía falta un par de palabras. Dos que encerraran una verdad irrefutable. Antes de irse, le dije tantas cosas. Miles de cosas, pero ella no se inmutó. Le dije que la quería, que era doloroso saber que ahora que se iba, yo no podía hacer nada al respecto, luego de haber sido yo el que quiso irse y tuvo que quedarse. Por ella. Siempre por ella. Tanto amor y no poder hacer nada contra la distancia.

«Si te vas, nunca te olvides de este que soy ahora. Tú me conociste siendo niño y me dejas siendo hombre. Uno que quiere dejar de serlo si así consigue también que te quedes y reconsideres las cosas. Me he convertido en quien siempre has querido que fuera: "El tipo de hombre que no tiene prototipo". Ayer, esa victoria que encerrabas en tus brazos era única, una combinación armoniosa entre la paz y el infierno. Porque la paz era saber que existías, pero el infierno saber que no estabas cerca. Así, en un esquema plagado de metáforas e ilusiones y varios lienzos con figuras discordantes, te encontré a ti y me enamoré de tu lado menos dañino. Te busqué pretextos en la espalda. Desvestí tus miedos y te vi siendo niña, mujer; tierna y seductora; inocente y cruel; amor y odio. Siempre fuiste el epicentro de una catástrofe preciosa. Me preguntaban tantas veces que por qué me empeñaba en seguir queriéndote tanto y nunca supe darles una respuesta razonable. "Porque sí", "porque no encontraré a otra como ella", "porque estoy loco", fueron sólo algunas de las cosas que tenía en la punta de la lengua. Yo hoy quiero decirte que te quise por ser tú. Cómo explicártelo sin decirte cosas que ya te haya dicho antes... Quizá es que no existan razones y te quise porque algo en el fondo me decía que contigo era posible cumplir todos los planes que nunca cumplí con otras. Y que necesitaba que fueras tú la última parada en este viaje de soledad que parecía eterno. Quise tantas cosas contigo y por eso me arriesgué. No me importó que fuera demasiado absurdo tratándose de alguien

con tantas malas experiencias acumuladas en la mirada y en los ánimos. Fuiste, eres y seguirás siendo especial, sin importar cuánto me dure hoy este proceso de olvidarte, superarte o mandarte de vuelta a esa realidad en la que nunca llegué a conocerte. Te juro que no me importa. Ya he maldecido la mayoría de cosas que han sucedido en mi vida pero hasta ahora no puedo renegar un poquito, siquiera, de haberte conocido. Y no creo poder hacerlo nunca, aunque sea lo que más esperes».

Se lo dije después de que ya se hubo marchado. Dejamos de hablar varios días y las cosas, obviamente, ya nunca volvieron a ser como antes. Tuve que desacostumbrarme a la mayor parte de mi rutina y a aprender a vivir con ese constante remordimiento de que ojalá nunca se hubiera enterado de lo que sentía por ella. Porque, el problema no fue el hecho de haberla conocido, sino el que, sabiendo los riesgos y el profundo dolor que terminaría significando, me hubiese atrevido a desnudar mis sentimientos.

La llamé «chica poesía», «la musa más hermosa del mundo» y por otros nombres más que sólo guardé para mí. Fueron tantos títulos para una sola persona. Tantos sueños filtrados por tipos y ordenados cronológicamente, para cumplirlos según nuestras conveniencias. No estoy seguro, pero dentro de esta inseguridad puedo jurar que, al besarla, yo hubiese estrenado una vida. Que, al tomarla de la mano, me hubiese importado un bledo el lugar de destino, si iba con ella. Porque quise convertirla a ella en mi destino y que el resto fueran simples paisajes acompañándonos.

Nunca conocí de ella más de lo que quiso mostrarme, pero estoy seguro de que me mostró más de lo que otros conocieron. Y eso me convierte en afortunado, en aquel chico singular que dejó una huella en su vida, pero eso para nada es un consuelo. Cómo esperar que sea un consuelo abandonar el lugar más hermoso del mundo sólo por ser el único que pudo recorrer tantos otros lugares para llegar hasta ahí. Cómo esperar que la paz esté detrás del hecho de que para ese lugar, yo sólo sea un turista que llegó ahí por error. Lo que sé es que yo no hubiese querido abandonarla nunca. La hubiese acompañado siempre, más en sus días malos, cansados, tediosos. Hubiese estado ahí, sin que ella me lo pidiese —porque también era orgullosa—. Pero nunca me lo pidió. Sólo me dio las gracias por las veces que estuve, mientras ignoraba que todo lo que hacía por ella me hubiese gustado que lo hiciera también por mí.

Aquella noche ya era tarde. «Tengo que hablar contigo —me dijo—. He tomado una decisión sobre ti». Recuerdo a la perfección aquel escalofrío que me asaltó al instante cuando dijo que ya no quería que hablásemos tan seguido, que no imaginara lo que fuera a suceder después entre nosotros, ni que pensara en el cuándo o dónde. Pero lo que más me dolió fue su maldito «quisiera que ya no sientas nada en tu corazón por mí». No sé si lo notaste, querida, pero soy poeta, y los poetas amamos como si nadie nunca nos hubiese lastimado antes. Los poetas nunca olvidamos. Los poetas escribimos aunque luego necesitemos primeros auxilios. No tengo la culpa de que me inspires tantas cosas; entre ellas, el querer tomarte entre mis brazos y decirte todo lo que no te dije aquella noche, cuando firmé mi aceptación de derrota con un «estaré bien», y mientras por dentro me reía amargamente de mí mismo y de lo mal que me salía mentir, si a quien le decía eso eras tú.

Quiere mucho a quien llegue a tu vida. Quiérelo y cuida que te quiera también, porque te estará queriendo por todo lo que yo no pude quererte, porque vivirá el futuro que yo tanto quise contigo, porque será el chico al que odiaré tanto, por merecer más que yo tu cariño. Los odiaré a los dos, seguramente. Y, sin embargo, no podré negar, ni odiándote, que a ti te quiero todavía y que, si me dieran a elegir un lugar donde quedarme para siempre, elegiría mil veces tu mirada, la misma mirada por la que ya morí veces anteriores, la misma por la que volvería a matar, la misma que recordaré por el resto de mi vida cada vez que me digan que la perfección no existe sin saber que yo llegué a encontrarla y que se me escapó como si aquella perfección hubiese tenido miedo de convertirse también en un cuento y acabarse en cualquier punto seguido por confundirlo con un punto final.

Cuídate mucho, por favor; cuida también al que vayas a querer después de mí. Estoy seguro de que será mucho mejor que yo aunque mi egoísmo me impida admitirlo abiertamente. Que no se apague tu sonrisa nunca. Que siempre brilles, que siempre existas porque eres inolvidable. Eterna. Que nadie te haga pensar lo contrario. Porque las catástrofes siempre dejan cicatrices que nunca curan.

SUEÑOS DE ESPEJISMO

Ya deberías saber que pude reducir todo lo que soy a un suspiro y dedicarte la mitad de mi silencio. Por entonces yo no era tan triste y tú estrenabas el lugar que te di en mi vida como si fuese una suite de lujo. A estas alturas de la película, quererte es una cotidianidad innegable y cada escena que comparto contigo se convierte en el recuerdo que mañana, mucho después de que te hubieses ido y yo no consiga apartarme aún de tu foto, comenzará a dolerme desde adentro hasta afuera y de afuera hasta donde tú te encuentres, que no será poco. Sé que has aprendido a pasear por mi rutina, a hacer tuya mi sonrisa y, luego de eso, a anclar el crucero de tu boca en el mar de mi nostalgia. Cómo no haberte querido, maldita sea. Quererte fue tan fácil como fácil me resulta hoy elegirte a ti en medio de otras.

Hoy no estoy triste, no te preocupes. Aunque tampoco estoy feliz. No estoy tocando fondo pero tampoco el cielo. Estoy simplemente aclimatado a la soledad, a este interludio interminable que precede al llanto que viene desde adentro, donde te guardo y de donde espero sacarte algún día, y que para entonces la indiferencia haya anestesiado mis emociones hasta el punto de no reconocerte si te veo. Escribo después de varias semanas de no haber sonreído. Cuando lo hago después de tiempo, es normal que parezca que haya perdido la práctica, y no estoy hablando de escribir. He hecho monólogos frente al espejo, me he aprendido de memoria el libreto de este drama y cada amanecer, cuando abro los ojos, me digo que aquel tampoco es un buen día para cumplir mis sueños.

Te invento en los rincones que huelen a ti pero que no tienen nada que ver contigo. Desde mi boca han surgido conversaciones, he ensayado saludos que me sonaban ridículos y ante esto siempre me has dejado en silencio, tragándome mi torpeza con la promesa voluntaria de no volver a errar si me atrevo a imaginarte de más. O de menos. Ya ni siquiera sé qué conjunción gramatical usar al hablar de ti, porque cuando es poco terminas siendo demasiado o cuando es demasiado terminas siendo el doble. Si hay algo que siempre he adorado es el hecho de que nunca retrocedes ni pierdes tu valor esencial. Eso te hace tan deseable como temible. Y no hay nada más hermoso que le haga perder la cabeza a un hombre que una mujer que se busque su propio sitio y aprenda a crecer desde allí hacia todas partes.

Yo te he querido despacio, te he besado como se besa el aire, te he tocado con la destreza de un pianista que acaricia las teclas para arrancar un sonido. Te he desnudado al trasluz de mil verdades, he conocido los rincones en donde guardas todo aquello que nunca dices. Porque eres mi hogar, eres lo que más quiero y tienes el poder de eliminar el escozor de cualquier herida.

Calma ahora esta tormenta, y no me dejes morir callado, al ras de aquella vida que la lluvia se lleva por delante. No le digas a nadie que me he hecho el fuerte para no llorar. Ninguno comprendería que la ausencia no me ha hecho libre por haberte marchado, sino que con la distancia que marcas cancelaste mis motivos de seguir adelante, incluso sin que te hayas dado cuenta. A ti siempre te gustó dejar huella arrancando la piel, y a mí quedarme sin piel con tal de irme contigo. Pagaría la suma de cualquier precio con tal de verte volar cerca de mi boca, y atardecer contigo si estoy triste, entristecer cada vez que me faltas, memorizar tus labios a ojos cerrados, y abrazarte para cubrir el total de mis heridas. Podría desmembrar la soledad del resto de mi historia, mantener el equilibrio cerca del precipicio de mis miedos, tropezar sólo si caigo en ti, y volar sólo si es a tu lado; aterrizar siempre que sea en tu vida, escribir con tu mano el resto de capítulos, calmar una y otra vez el fuego cuando sea innecesario para, luego, a solas y en ese silencio que sólo puede ofrecer la soledad de una habitación con vistas al infinito, volver a encenderlo con el roce de tu piel, con la cercanía de nuestras vidas.

Desearía que odies la falta que te hago, y que me hagas falta cada vez que no te busco. Que me dejes a solas quedándote, y que te vayas sin marcharte, llevándome contigo. Que estés siempre que te quiero, que me quieras siempre que te quedes; te juro que seré feliz si lo haces, aunque si no también. Yo haré contigo el doble: haré del tiempo un mapa para que lo pierdas al buscarme. Y pasar el resto de mi vida a tu lado, mientras te vuelves eterna, como si se cumpliesen por fin todos mis sueños de espejismo. Saldarte todos los abrazos que no te he dado, con todo interés y con las tasas más altas. No tengas piedad de cobrarme incluso aquello que no te debo.

Amarte de esa forma sin lógica ni tregua, como quieren los valientes, como aman aquellos que encontraron en alguien su razón de ser en este mundo. Amarte a diario, como aman los locos; enloquecer por amarte, como enloquecen los cuerdos. Si algún día he de marcharme, te juro que lo haría feliz. Sé ahora mi musa y selo para siempre, hasta que las fuerzas y el aliento que sostienen estas palabras me abandonen, hasta que el mundo sepa que hubo alguien que fue capaz de quererte rompiendo todos los esquemas.

«Mirarla era un sueño.
Y yo siempre he sido
un soñador frustrado.
De entre todos,
ella se convirtió en el sueño
que más me duele
no haber cumplido».

REGRESIÓN
PRECIPICIO

Me hubiese gustado que la nuestra fuera una de esas historias que se cuentan de atrás para adelante, en esa regresión que, por lo general, confunde, pero que siempre se presenta como una propuesta novedosa. Ponte a pensarlo: en el momento que digas adiós, empezamos a querernos. Sueltas las riendas a tu orgullo, yo a mi obstinación, y los observamos juntos irse lejos, mientras nos abrazamos y pedimos perdón por algo que todavía no hemos hecho. Y luego, lo hacemos.

«Más te vale que me quieras», solías decirme, ¿lo recuerdas? Espero que sí aunque sé que olvidas con frecuencia muchas cosas. Lo que más me gustaba de ti era que eras posesiva con el cariño que te daba. Lo atesorabas, lo guardabas en el cofre de tu alma y lo escondías ahí, bajo llave, para que nadie fuese a quitártelo. Yo siempre fui el de la idea de que no era necesario. Yo era tuyo antes de conocerte, pero vivía en esa ignorancia y sólo cuando te vi lo supe.

Es triste —últimamente todo me parece triste— que, a estas alturas de mi vida, las historias que escribí para ti sólo hayan servido como ejercicio creativo. Ser escritor no me hace perfecto, la poesía sólo es maquillaje para que los errores no asusten, para que el dolor no se vea tan cruel y la musa sea la heroína de la historia, por mucho dolor que haya causado, o eso es al menos lo que hace un poeta promedio. Yo te erigí un altar al lado de mi conciencia, ahí ponía los milagros que quería que me concediese tu cariño. Traía arraigada esa inclinación a idealizarte tanto, que se me olvidó que eras humana y que, como tal, el único milagro que has hecho en tu vida es el de existir y lo hiciste para ti misma. Yo sólo era el espectador y tenía que comportarme como tal. Lo supe desde el principio, pero no quería aceptarlo.

Hoy hace frío y llevo horas sentado frente al teclado, aunque a mí me parece que han pasado apenas unos minutos desde que escribí la primera palabra de todo esto. Así pasaste tú, y te odié por hacer de los detalles una tarea de titanes. Por pasar tan deprisa, por encender todas las luces de tu semáforo al mismo tiempo. Odié que me echaras de menos un día como ayer, para que hoy me dijeras que no eres la indicada y que deje de quererte. Pero dime, querida, ¿desde cuándo escogemos a la persona indicada? Estaba claro que mi chica ideal no existía, pero tú eres la que se le parecía más. Pinté un lienzo con el rojo de tus labios y le puse tu nombre. «Erika» desde entonces se convirtió en el título de todo mi arte. Y al ver aquel cuadro, que se parecía más a la ventana con vistas a un paisaje, tú decías no merecerlo. Y luego me hiciste falta. Más que cualquier otra vez antes. Nos herimos como si hubiésemos tenido un odio dentro, creciendo a traición, y nos hubiese explotado en la cara. Me hiciste falta de la forma más dolorosa: quedándote. Recuerdo también que me prometiste no volver a escribirme nunca, y días después estabas empezando la conversación. No sé si pesó más tu cariño que tu orgullo, o si no tenías ya ninguna otra alternativa, pero lo cierto es que nunca me sentí tan bien con el hecho de que alguien me rompiera una promesa.

Durante aquel tiempo, de distancias y fantasmas, de voces y oscuridad desesperantes, también me desvivía escribiéndote. Tú nunca quisiste dolerme, decías, pero lo hiciste. Al principio no, porque me enseñaste a sentir de nuevo y en el proceso me hiciste feliz, pero luego fue inevitable y el dolor fue un río helado abriéndose paso a cuchilladas por mis arterias.

Fue entonces que comencé a recrear en mi mente a la Erika que eras antes, a la que tenía miedo de perderme, la que sentía más que yo todo esto, la que inventaba el futuro y lo miraba con brillo en los ojos. En mi mente volviste a ser pelirroja, la amante de las orquídeas, la chica que insistió en hablarme, la que escribió un texto para mí, que era el primer texto que alguien me escribía en toda mi vida. Fuiste esa Erika, y por eso me gustaba cerrar los ojos para verte y dejar de lado por un momento la versión que tenía de ti entonces: la que olvidaba cosas, la Erika que ya no me elegía y en cuyo tiempo yo no tenía ya ninguna cita. Por ti he entendido lo que se siente odiar y amar a la vez, pero te juro que eso nunca lo quise aprender contigo. De hecho, eso es algo que nunca he querido aprender con nadie.

Ahora asciendes a ser la musa que se lleva la mejor parte de toda la poesía que haya sido capaz de escribir. Te lo llevas todo, porque te pertenece, aunque después me olvides y aprendas a vestir tu reproche de indiferencia.

Hoy estás, no obstante. Hemos aprendido a mirar tantas tormentas con la más desesperante de las calmas. Hemos sido así, como robles con raíces profundas a los que el viento zarandea. Tú me dices que me quieres y yo no me atrevo a contradecirte. No es que te crea, es que ganas de pensar lo contrario me faltan. Puedo ser muy pesimista a veces, pero incluso alguien como yo prefiere en ocasiones no ceder a la negatividad y aceptar las cosas buenas de la vida. Quizá otros vean en ello una actitud de posible redención; la mía es, sin embargo, una actitud de resignación callada.

Hoy me sobra lo que me faltaba cuando llegaste: una mezcla entre amor propio y egocentrismo. Miro alrededor y el orden de las cosas al parecer sigue inalterable. Ojalá ocurriera lo contrario con nosotros, con esta historia para la que se nos ha acabado la tinta y las ganas. La fuerza y la esperanza, que antes ocupaban un lugar privilegiado, han venido a ser reemplazadas por el miedo y la duda. La duda de un futuro, de todo lo que vendrá, inexorable o intencionalmente, nada que ver con el pasado, que es la base de este edificio mal construido. Supongo que desear que todo fuera como al principio no cuadraría tan bien que digamos. Si esta vez al destino, la vida o a lo que sea que nos controle, se le da por darnos la razón o una salida, lo más seguro es que no la aproveche. Debes saber que continuar no va con mi ritmo habitual en las situaciones. Antes que intentar arreglar algo, prefiero renunciar a todo y comenzar de nuevo, pero esta vez los puntos en contra son mayores. Has decidido irte, y esta extraña partida en la que nuestros destinos han sido apostados no puede continuar con un solo jugador.

Al margen de este monólogo, sólo espero que al llegar al punto final suceda lo que escribí al principio. Que, en el momento que decidamos terminar, todo comience. Nada pierdo con intentarlo, así que me despido de ti ahora, esperando encontrarte unos cuantos pasos más allá, que olvides lo que hemos pasado y vuelvas a ser alguien nueva, así yo también dejaré atrás lo que me impida arriesgarme por ti. Y que construyamos desde cero nuestro lugar, sin echar abajo ningún otro. Que comencemos sin rencores, sin siquiera un atisbo de todo cuanto hemos vivido hasta ahora. Que tu luz y la mía sean las que nos guíen y, mientras nos tomamos de la mano, roguemos que, al menos por esta vez, puedan brillar para siempre.

UN ALBA DE COLOR CENIZA
FIN

La última vez que vi a Erika se convertiría en la primera vez que le tuve miedo al silencio, al vacío. Pocas cosas se recuerdan con tanta intensidad como la presencia casi celestial de alguien que vino para cambiarte la rutina, el modo de verlo todo y, por ende, la vida. Recuerdo aún los desvelos que pasé en compañía de aquella máquina de escribir y con ella en la cabeza. Sus ojos, al leer lo que ella nunca terminaba de creer que me inspiraba, desprendían aquella luz mágica, de felicidad y tristeza. Porque sí, yo podía verlo en su mirada.

Yo lo sabía desde hacía mucho, que ella nunca iba a quedarse para siempre y no porque no quisiera, sino porque su lugar no estaba conmigo, ni en medio de este laberinto de palabras, música, silencio y soledad. Yo siempre creí poder entenderla, y cuando lo logré, comprendí también que más me hubiera valido no intentarlo. El golpe me lo había dado yo antes de que ella abriera la boca, pero lo cierto es que, una vez asimilado el daño, el dolor del impacto se desvanece más rápido.

La última vez que la vi también decidí guardarme todas las cosas que viví a su lado como un secreto. Nada iba a contarle a nadie sobre cómo la conocí, ni sobre cómo fui desconociéndola luego de pensar que tal vez, con un poco de suerte, ella hubiese decidido conocerme también.

Las ventajas de ser escritor se convierten en desventajas para ese ser común y ordinario que se lleva dentro. Como escritor tiendo a recordar detalles, sucesos, diálogos y palabras clave para luego armar textos como si se tratasen de las piezas de un rompecabezas. Pero para mi persona interior, que es un niño con mirada de adulto y al mismo tiempo un adulto con la inexperiencia de un niño, esto resulta lacerante, casi cruel, porque para más inri, los recuerdos que traigo a mi mente son los más dolorosos.

Mis días con ella estaban contados. Y aunque intentamos remediar todo un par de veces, cuando la presión fue demasiado grande, las grietas que se habían formado en nuestra relación resultaron perjudiciales al sostener el resto de la estructura de nuestro intento de amor, y caímos sin remedio.

Más de una vez he deseado volver a aquel café donde la vi por primera vez. Más de una vez he querido rescatar del pasado aquel calor, aquella magia de una Erika que era más promesas que recuerdos. He querido traer de vuelta aquella primera impresión que me causó: el ser una mujer no por la cual morirse, sino por la cual vivir, entregarle lo mejor de mi vida, lo más granado de mi tiempo, de mis atenciones, y hacer que mis días giraran en torno a ella, no por una necesidad de complacencia ajena, sino de llenura propia. Amar a alguien no necesariamente significa renunciar a uno mismo si la felicidad propia se encuentra entregándose a quien se ama. Más de una vez he deseado que la hecatombe no ocurriera, que hubiéramos podido sobrellevarlo, entender que nosotros nunca estuvimos para hacer el amor, sino para amarnos, porque era el amor el que nos estaba haciendo a nosotros.

Pero más que quererla, yo la amaba. No tengo que decir mucho al respecto porque de eso hablan mejor mis poemas y la envidia de otras, de cuyos halagos más a mi pluma que a la musa, ella sentía unos celos innecesarios pero comprensibles. Cuando la vi, el resto desapareció. La conocí en otoño, mi mes favorito, por eso nunca consideré una casualidad el haberla encontrado. Aunque por entonces muchas cosas eran diferentes. Erika ya no era pelirroja, había conseguido distintos trabajos, el tiempo a veces llegaba a ahorcarla. Siempre procuré guardar silencio respecto a mis constantes bajones por extrañarla. Ella no merecía, por supuesto, más carga de la que ya tenía. Cuando llegaba a casa me olvidaba de estar triste, porque verla, además de aliviarme, me recordaba que ahí yo estaba para restarle preocupaciones y no para sumarlas. Cambié mis tormentas por su lluvia, mis silencios por su voz, mi tendencia a escribir por escucharla, mi caos por su tranquilidad.

No me arrepiento. No me arrepiento de nada de lo que hice con o por ella. Ni de los golpes ni de los tropiezos, ni de los rasguños ni de las heridas. Ni de los planes a medias ni de la nostalgia a tiempo completo. Erika le puso su nombre a la poesía y su apellido a mis poemas. Vivía en cada letra, en cada suspiro que se derramaba en un montón de palabras sobre aquellos pliegos donde escribí las líneas más sinceras para alguien. Se fue antes de que amaneciera, en un alba de color ceniza y con olor a ausencia. Dejó un rastro de pisadas hacia ninguna dirección, un vasto campo de miniaturas de su sonrisa impresas en varias fotos dentro del mismo cajón donde, ahora, descansa el resto de aquel futuro que se llevó en su cartera. Supongo que debí saberlo. Lo que no sé ahora es cómo voy a explicarle a mi poesía que va a tener que inspirarse en otra mujer o alejarse del plano del sentimentalismo. Que voy a tener que quitarme las alas o a cambiar de rumbo y que no sé cuál va a dolerme menos. En dónde encontraré a otra chica con su mismo encanto o, peor: en dónde habrá alguien buscándome.

Mentiría si dijera que lo que deseo con toda mi vida es que sea feliz con alguien más, porque la felicidad que se le otorga a uno es la tristeza que se le aumenta al otro. En ese sentido no he aprendido sino a ser egoísta, y a hundirme en mi propio fango. No pretendo olvidarla, ni convencerme de que todo ocurre por algo, como lo hace todo el mundo porque a mí nunca me ha gustado estar tan cerca de la mayoría. Si otros olvidan, yo recuerdo, aunque esta vez ya no lo haré por dar la contra, sino por resignación, porque ir en contra del recuerdo me resulta imposible. Lo más difícil es librarse de aquello que se lleva dentro.

Las noches ya no duran lo mismo, ni siquiera los días. Y el atardecer… bueno, el atardecer siempre va a ser el único acompañante de mis descensos a la tristeza. Yo, que de haber sabido que lo que más ama uno en el mundo también se acaba, hubiese reservado una suite en el cuerpo de otra soledad sin nombre.

El único ademán de valentía que me he permitido ha sido ir pasear al mismo malecón, aunque no me he atrevido a entrar a aquel café donde la vi por primera vez. Sólo avisté la silueta del establecimiento desde lejos, por temor a que, si me aventuraba a entrar, aquellos escasos minutos que compartí con ella y que permanecen en mi memoria en forma de cortina de cristal, se esfumaran de mis manos para siempre.

Con frecuencia, Erika me había recordado a todas esas cosas buenas que aparecen por casualidad y que le dan un giro brusco a la vida. Quizá sea por eso, por aquella magia incomprensible, maravillosa y abstracta, que también se fue y prefirió esperar en otro lado algo mejor para ella. Hoy quiero pensar que lo mejor que le pudo haber pasado es alejarse de mí de esa forma silenciosa, sin que yo me diese cuenta, porque no creo que la hubiese dejado escapar. Yo sólo la vi cuando estaba lejos y pude notar que aquel brillo de sus ojos, que siempre nacía cuando me miraba, ya había desaparecido. Sólo entonces he sentido el peso del fracaso, porque no hay nada más doloroso que perder a quien se ama todavía, y todo ese amor de pronto se vuelve odio, pero hacia uno mismo.

La parte más difícil del oficio de escritor es poner un punto final a una historia. Una historia nunca está terminada porque nunca se comienza. Una historia es una ilación constante de sucesos que han estado ahí desde siempre y que continúan su curso independientemente de la voluntad de quien escribe. Así, puedo recrear en mi cabeza que conocí a Erika en aquel café, leyendo, pero ella ya había estado en mí antes, porque sé que cuando la vi sólo confirmé lo que buscaba. Esa fue la señal, el inicio, y desde ahí fue que partí. Seguiré escribiendo de ella, es lo más probable, porque tampoco es que se haya terminado. Un punto no necesariamente indica final. También indica pausa, porque hay ciertas cosas que deben terminarse, pero en el ciclo constante de los sucesos, nosotros todavía seguiremos existiendo en la vida del otro, aunque sea en un rincón de la memoria, tatuados a fuego, indelebles.

Así que, Erika, donde quiera que estés, espero que nunca olvides lo mucho que te quise.

Yo seguiré escribiendo porque uno de los dos tiene que hablar de esto y porque siempre he sido más de mirar al pasado que al futuro. Necesito hallar respuestas, explicarme cómo es que he llegado hasta aquí, a esta habitación sin ventanas donde el murmullo de la lluvia apenas consigue enmascarar las voces que escucho en mi cabeza. Tengo sueños extraños, donde la tinta del papel me persigue como una sombra adherida a la superficie, cubriendo las paredes y nublándome los ojos mientras aquella voz amarga suena de fondo, una voz que me llama y se burla. Quizá sea la voz del remordimiento. Aquí siempre es de noche, aunque amanezca. Y ojalá algún día vuelva a ver la luz del sol, aunque no guardo mucha esperanza para ello. Ojalá vuelva a pasear por las calles de mi memoria sin sentirme un extraño en mi propio mundo. Sin sentir que pierdo el tiempo al esperar a alguien que sepa pintar las paredes de blanco y deje ingresar la luz de un sol renovado y limpio. Quizá esa sea mi esperanza y mi condena.

Necesito a alguien que venga no a ponerme las piezas rotas en su sitio, sino a romperme del todo para poder renacer desde cero, reescribir mi vida con ella y surgir más fuerte, hasta convertirme en un hombre completamente distinto al que dejas tras de ti, en un rincón adonde la luz no llega. Necesito alguien que me ayude a ser mejor persona, que sea capaz de decirme la verdad sin que le tiemblen los labios. Que arda, que congele, que llore y que ría; que no esconda nada ni pretenda ser quien no es porque siempre he amado la valentía de quienes se muestran sin máscaras.

Yo entonces me quedaré con ella. Y esta vez, te prometo que será para toda la vida.

www.sextaformula.art

Made in United States
Orlando, FL
06 December 2023